もくじ

はじめてのあやとり ……… 8
あやとりのきほん ……… 10
あやとりのテクニック ……… 12
この本(ほん)のつかいかた ……… 15
＼難(むずか)しい部分(ぶぶん)は動画(どうが)で解説(かいせつ)！／
マスターできたらあやとり名人認定証(めいじんにんていしょう)！ ……… 16

ひとりであやとり

トロフィー レベル 1 ……… 18
花(か)びん レベル 1 ……… 19
アイスキャンディー レベル 1 ……… 20
川(かわ) レベル 1 ……… 21
つりばし レベル 1 ……… 22
ほし レベル 1 ……… 23
ほうき レベル 1 ……… 24
にんじん レベル 1 ……… 25
すなどけい レベル 1 ……… 26
ふじさん レベル 2 ……… 27
ヨット レベル 2 ……… 28

ハート レベル 2 ……… 29
もくば レベル 2 ……… 30
プリン レベル 2 ……… 32
りんご レベル 2 ……… 34
ナス レベル 2 ……… 36
おうかん レベル 2 ……… 37
1だんばしご レベル 2 ……… 38
2だんばしご レベル 2 ……… 40
3だんばしご レベル 2 ……… 42
4だんばしご レベル 2 ……… 44
6だんばしご（5だん）レベル 3 ……… 46
8だんばしご（7だん）レベル 3 ……… 48
10だんばしご（9だん・12だん・14だん）レベル 3 ……… 51
イナズマ レベル 3 ……… 54
ダイヤモンド レベル 3 ……… 56
りったいダイヤモンド レベル 3 ……… 58
トンネル レベル 3 ……… 60

いきものあやとり

- **おたまじゃくし** レベル1 ………… 64
- **かえる** レベル1 ………… 65
- **へび** レベル1 ………… 66
- **せみ** レベル1 ………… 68
- **うし** レベル1 ………… 70
- **ねずみ** レベル2 ………… 71
- **ねこ** レベル2 ………… 74
- **りゅう** レベル2 ………… 75
- **とら** レベル2 ………… 78
- **こうもり** レベル2 ………… 80
- **かに** レベル2 ………… 82
- **くらげ** レベル2 ………… 83
- **ひとで** レベル2 ………… 84
- **かたつむり** レベル2 ………… 86
- **どじょう** レベル2 ………… 88
- **とんぼ** レベル2 ………… 90
- **もんしろちょう** レベル3 ………… 92
- **さかな** レベル3 ………… 94
- **かもめ** レベル3 ………… 96
- **うさぎ** レベル3 ………… 98

わくわくあやとり

リボン レベル1 ……… 102
ブランコ レベル1 ……… 103
はたおり レベル1 ……… 104
か レベル1 ……… 106
ネクタイ レベル1 ……… 108
WとM レベル1 ……… 110
ゴム レベル1 ……… 112
バナナ レベル1 ……… 113
おだいりさま レベル2 ……… 114
おひなさま レベル2 ……… 116
かご レベル2 ……… 118
くんしょう レベル2 ……… 120
お花とはっぱ レベル2 ……… 122
サングラス レベル2 ……… 124
へびの木のぼり レベル2 ……… 126
あおむしダンス レベル3 ……… 128
おうち レベル3 ……… 130
あやとりであそべるものがたり ……… 132

れんぞくあやとり

エッフェルとう レベル2 ……… 134
ロケット レベル2 ……… 135
カヌー レベル2 ……… 136
あみ レベル2 ……… 137
2本のほうき→マスク レベル2 ……… 138
ほうき→森のおうち→大きなはさみ レベル2 ……… 141
テレビ→花びん レベル3 ……… 143
とんび→ヘリコプター レベル3 ……… 146
ちょうちょ→さんみゃく→ねこ レベル3 ……… 148
おちゃわん→エプロン→まめでんきゅう→じょうぎ レベル3 ……… 152
てっきょう→かめ→ゴム→ひこうき→ぶしょう→ネクタイ レベル3 ……… 154
くり→すべりだい→かめ→やっこだこ レベル3 ……… 159
ひと山→ふた山→み山→よ山 レベル3 ……… 162
ゆりかご→たんぼ→川→たんぼ→ダイヤ→つづみ→ふね→つりばし レベル3 ……… 165

ふしぎあやとり

ねずみゆびぬき レベル1 ……… 174
てじょうはずし レベル1 ……… 176

ひもうつし　レベル 1 …… 178
やりなげ　レベル 2 …… 180
にげたさかな　レベル 2 …… 182
はしご車(しゃ)　レベル 2 …… 185
くるくるゆびぬき　レベル 2 …… 186
5本(ほん)ゆびぬき　レベル 2 …… 188
りょう手(て)ゆびぬき　レベル 2 …… 190
さんかくうでぬき　レベル 2 …… 192
くるくるひもうつし　レベル 2 …… 194
ゆびわおとし①　レベル 2 …… 196
ゆびわおとし②　レベル 2 …… 198
さかなのけんか　レベル 3 …… 199

みんなであやとり

もちつき　レベル 1 …… 204
のこぎり　レベル 1 …… 206
木(き)のぼり　レベル 2 …… 208
くも　レベル 2 …… 210
テーブル→テント→バケツ→ピラミッド　レベル 2 …… 212
ふたりあやとり　レベル 2 …… 215

さくいん …… 222

はじめてのあやとり

あやとりをするための
じゅんびをしよう。

あやとりってこんなあそび！

1本のひもから、ほしや川、うさぎやさかなが生まれる、まるでまほうのようなあそび。それがあやとりです。あやとりは、日本だけではなく、せかいじゅうで、ずっとむかしから人から人へとつたえられ、たのしまれています。

手とゆびのなまえをおぼえよう！

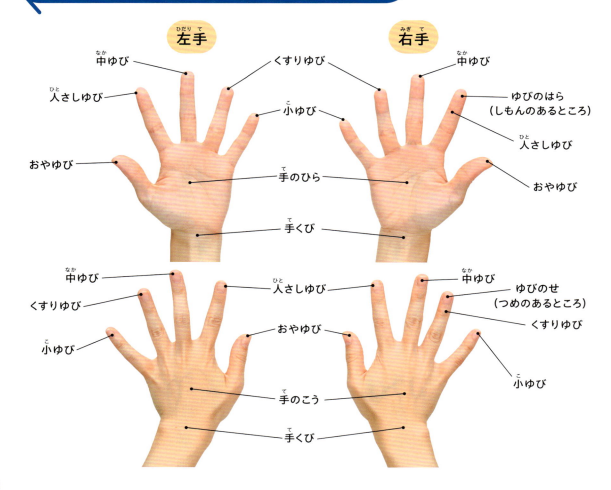

こんなひもをつかおう!

● ひものしゅるい

けいと・くみひも・ナイロンひもなど、まるくてやわらかいひもがよいでしょう。糸(いと)のようにほそすぎるものや、ロープのようにふとすぎるものは、あやとりにはむきません。

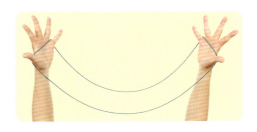

● ひものながさ

あやとりには、ひもがながいほうがつくりやすいもの、みじかいほうがつくりやすいものがあります。ひものながさによって、できあがりがちがって見(み)えるものもあります。つくりかたのページのひものながさをさんこうにつくってみましょう。

ながさのめやす
ふつう　：手のひらに7かいまいたながさ
みじかめ：手のひらに6かいまいたながさ
ながめ　：手のひらに10かいまいたながさ

● あやとりひものつくりかた

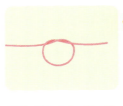

1 ひものかたほうのはしをゆるくむすび、わをつくる。

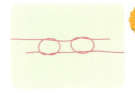

3 もうひとつわをつくる。

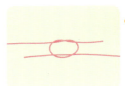

2 はんたいのはしを、わの中(なか)にとおす。

4 ひものりょうはしをひっぱり、わをキュッとしぼってしっかりむすぶ。あまったひもはきる。

あやとりのきほん

はじめてのあやとりもこれでかんぺき。

とりかた

→ ゆびのせでとる

ゆびをひもの下に入れて、ひいてとる。

→ ゆびのはらでとる

まげたゆびを上からひもにかけて、ひいてとる。

はずしかた

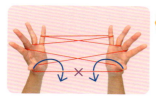

1. はずしたいゆびをうちがわにたおす。

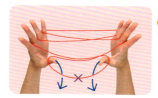

2. はずしているところ。

3. おやゆびのひもがはずれる。

かまえ

きほんのかまえ

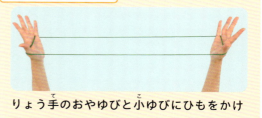

りょう手のおやゆびと小ゆびにひもをかける。

→ ねじれのかまえ

1. 左手のおやゆびと小ゆびにひもをかけ、右手ではんたいのひものはしをもつ。

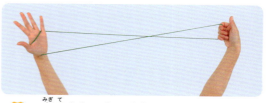

2. 右手をむこうにまわしてひもをひねる。

3. そのまま右手のおやゆびと小ゆびにひもをかける。

→中ゆびのかまえ

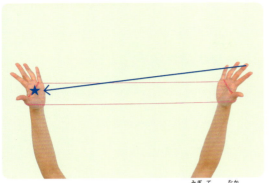

1 「きほんのかまえ」をする。右手の中ゆびのせで★をとる。

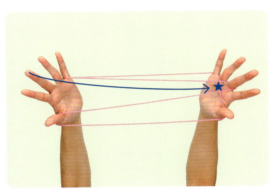

2 とりおわったら、はんたいもおなじように、左手の中ゆびのせで★をとる。

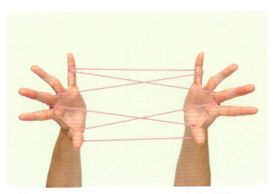

3 ひもをピンとはって、できあがり。

→人さしゆびのかまえ

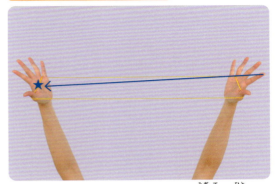

1 「きほんのかまえ」をする。右手の人さしゆびのせで★をとる。

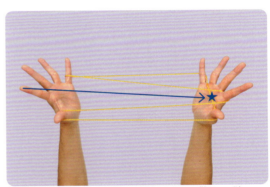

2 はんたいもおなじように、左手の人さしゆびのせで★をとる。

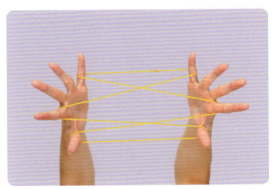

3 ひもをピンとはって、できあがり。

あやとりのテクニック

テクニックをおぼえて、あやとり名人をめざそう！

→ゆびのせで上からとる

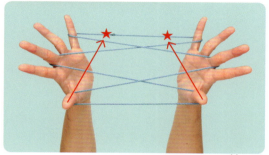

1 おやゆびのせで、すべてのひもの上から、★のひもをとる。

→ゆびのせで下からとる

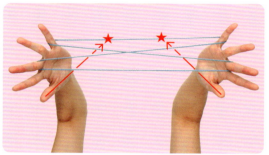

1 おやゆびのせで、すべてのひもの下から、★のひもをとる。

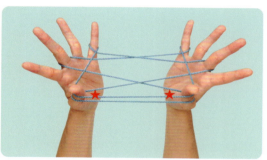

2 おやゆびに★のひもがかかる。

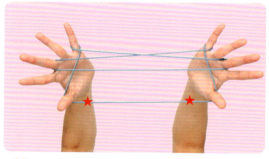

2 おやゆびに★のひもがかかる。

→ゆびをまげて■の中に入れる

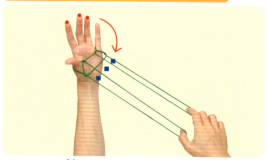

1 ■の中に、●のゆびをそれぞれまげて入れる。

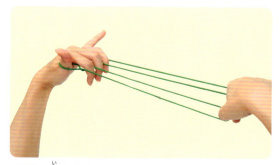

2 入れたところ。

→ ゆびにかかっているひもを1本だけはずす（ゆびをたおすはずしかた）

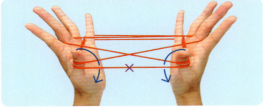

1. おやゆびをうちがわにたおして✕のひもだけをはずす。

→ ゆびにかかっているひもを1本だけはずす（はんたいの手をつかうはずしかた）

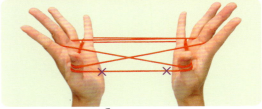

1. はんたいの手をつかって、かたほうずつ✕のひもをはずす。

2. はずしているところ。

2. はずしているところ。

3. はずしたところ。

3. はずしたところ。

→ ゆびのはらでひもをおさえる

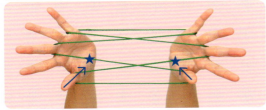

1. おやゆびのはらで★を上からおさえる。

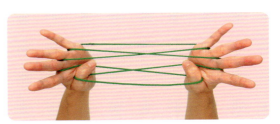

2. おさえたところ。

13

→ ゆびのはらでひもをとって、ねじる

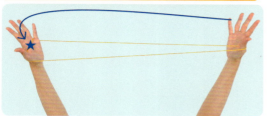

① 右手の小ゆびのはらで★のひもをとる。

② とっているところ。

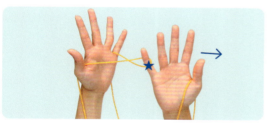

③ ゆびをおこして、ひもをかける。

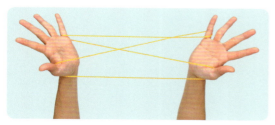

④ ひもをひいて、ピンとはる。

→ ひもを手のこうにまわす（かえしどり）

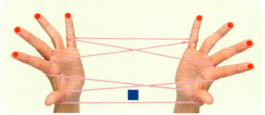

① 人さしゆび、中ゆび、くすりゆび、小ゆびを■の中に入れて、ひもをにぎる。

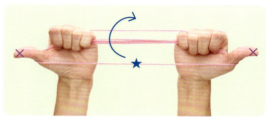

② ★のひもをおやゆびからはずして、やじるしのほうこうにまわす。

③ まわしているところ。

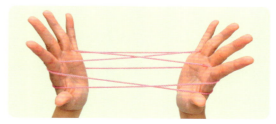

④ かえしどりのできあがり。

この本のつかいかた

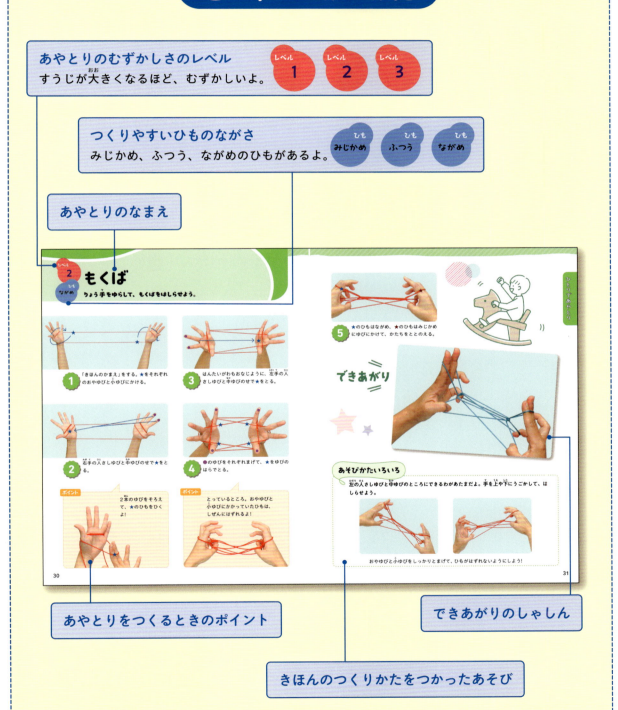

難しい部分は動画で解説！

本書の特に難しいあやとりには、QRコードから閲覧できる動画をご用意しました。「8だんばしご」は「4だんばしご」のとりかたから丁寧に解説。「10だんばしご」までとれた後、「12だん」「14だん」に展開する方法も紹介します。

8だんばしご →P.48

10だんばしご →P.51

さかなのけんか →P.199

マスターできたらあやとり名人認定証！

印刷された認定証にお子さんの名前や、習得できたあやとり名、習得できた日などを記入してプレゼントできます。あやとりができるようになったら、ぜひ「あやとり名人認定証」を下記のQRコードから発行してあげてください。

QRコードを読み取ると、動画閲覧ページ／PDFページにアクセスできます。
- 「認定証」は基本的にはA4サイズの用紙に印刷されることを前提としてデザインしています。プリンターや出力サービスでは、機種によって原寸で出力されないことがあります。
- 第三者への動画、データ、および印刷物の譲渡を禁止します。
- 再配布や販売、営利目的の利用はお断りします。

※QRコードを読み取っての閲覧は、予告なく終了する可能性がございます。ご了承ください。
※QRコードは株式会社デンソーウェーブの登録商標です。

ひとりで あやとり

トロフィー

レベル 1 / **ひも ふつう**

おやゆびを上下にうごかして、すきなかたちのトロフィーをつくろう。

1 ひもを2じゅうにして、おやゆびにかける。小ゆびのせで、上から★をとる。

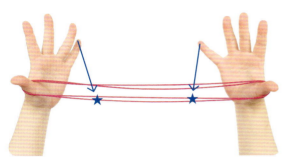

2 中ゆびのせで★をとりあう。

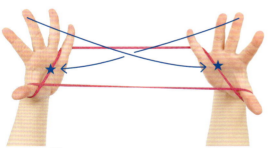

3 小ゆびのひもをはずす。

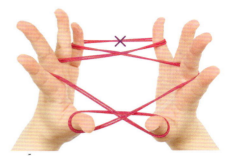

ポイント
はずしにくいときは、✕のひもをはんたいのゆびでつまんではずそう。

≪できあがり≫

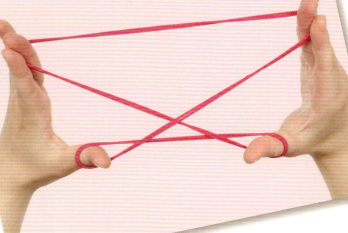

レベル **1**
ひも ふつう

花びん

きれいな花びんにどんな花をいけようかな。

ひとりであやとり

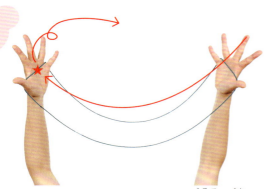

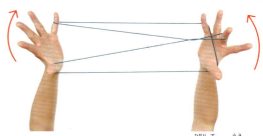

1 「きほんのかまえ」をする。右手の中ゆびのせで★をとって、ひもを1かいねじる。

2 ゆびさきをむこうへむけ、左手を上に、右手を下にする。

ポイント

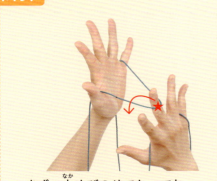

まず、中ゆびのせでとってね。

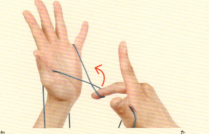

中ゆびを1かいまわして、ゆびを立てるよ。

できあがり

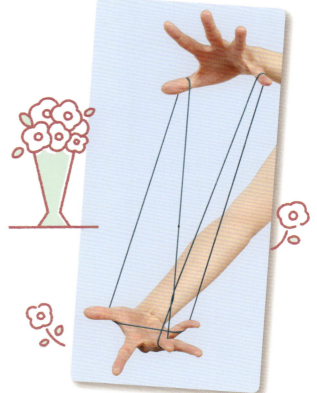

19

アイスキャンディー

レベル 1 / ひも みじかめ

ぼうがささったアイスキャンディー。あついなつにたべたくなるね。

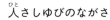
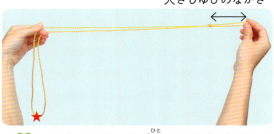

1 ひものとちゅう（人さしゆびのながさくらいのいち）にむすびめをつくり、★を左手のおやゆびと小ゆびにかける。

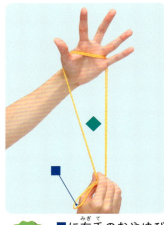

4 ■に右手のおやゆびを入れる。むこうがわから◆に人さしゆびと中ゆび、くすりゆびを入れる。

2 ★を左手のおやゆびと小ゆびにかけ、ひもを2じゅうにする。

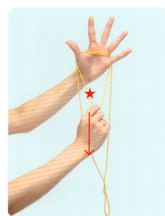

3 右手の人さしゆびのはらで★をとり、下にひく。

≪できあがり≫

右手のゆびをひらく。

 ポイント

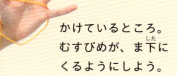

かけているところ。むすびめが、ま下にくるようにしよう。

レベル 1 ひも みじかめ

川 (かわ)

さらさらながれる小川(おがわ)。

ひとりであやとり

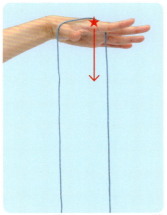

1 左手(ひだりて)のおやゆびと人(ひと)さしゆびにひもをかけて、右手(みぎて)の人(ひと)さしゆびのはらで★を下(した)にひく。

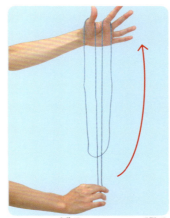

2 右手(みぎて)のひもを、左手(ひだりて)のおやゆびと人(ひと)さしゆびにかける。

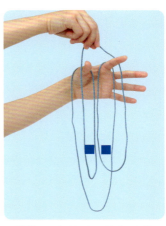

3 かけているところ。右手(みぎて)のおやゆびと人(ひと)さしゆびをむこうがわから■の中(なか)に入(い)れる。

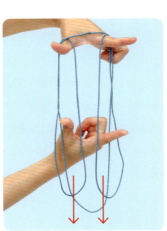

4 右手(みぎて)をゆっくりと下(した)にひく。

できあがり

つりばし

グラグラとゆれるつりばしを手くびでこていしよう。

1 ひもを手くびにかける。左右それぞれ、★を1かい手くびにまく。

ポイント はんたいがわの手をつかってまきつけるよ!

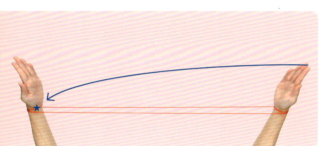

2 右手の中ゆびのせで★をとる。

ポイント 手くびのひもをスーッとひっぱるよ。

3 はんたいもおなじように、左手の中ゆびのせで★をとる。

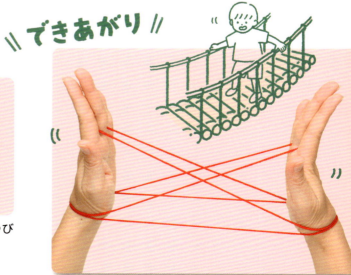

できあがり

ほし

レベル 1
ひも みじかめ

キラキラとひかるほしをつくってみよう。

ひとりであやとり

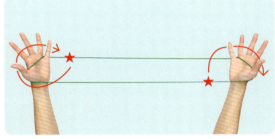

1 「きほんのかまえ」をする。★をそれぞれのおやゆびと小ゆびにかける。

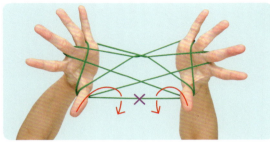

4 おやゆびをうちがわにたおし、×のひもだけをはずす。ゆびさきをむこうがわにむける。

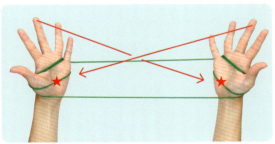

2 中ゆびのせで★をとりあう。

ポイント

×のひもをゆびでつまんで、かた手ずつはずしてもいいよ！あせらず、ゆっくりはずそう。

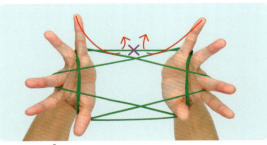

3 小ゆびをうちがわにたおして、×のひもだけをはずす。

できあがり

ほうき

りょう手をあわせてひらくと、まほうのほうきのたんじょう！

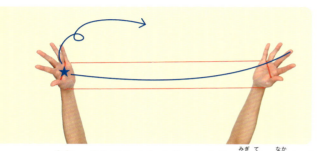

1 「きほんのかまえ」をする。右手の中ゆびのせで★をとって、ひもをねじる。

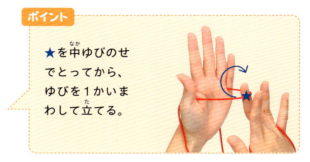

ポイント

★を中ゆびのせでとってから、ゆびを1かいまわして立てる。

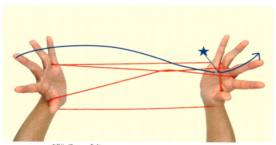

2 左手の中ゆびのせで★をとる。

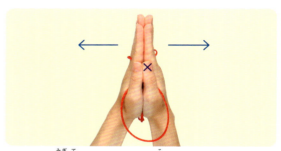

4 右手のおやゆびと小ゆびのひもをはずし、手のひらをはなす。

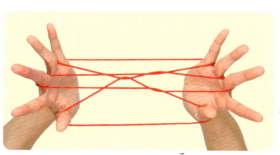

3 とりおわったところ。手のひらをあわせる。

できあがり

にんじん

レベル **1**
ひも みじかめ

はっぱの生えたおいしそうなにんじん。うさぎのだいこうぶつ。

ひとりであやとり

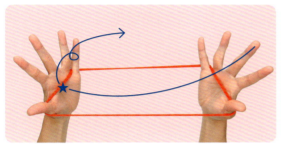

1 ひもを2じゅうにして「きほんのかまえ」をする。右手の中ゆびのせで★をとって、ひもをねじる。

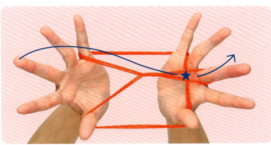

2 左手の中ゆびのせで★をとる。

3 とりおわったところ。右手のおやゆびと小ゆびのひもをはずす。

ポイント
ひもを2じゅうにして、みじかくしたほうがつくりやすいよ。とちゅうまでは「ほうき」とおなじつくりかただよ。

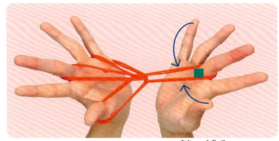

4 はずしたところ。■の中に右手のおやゆびと小ゆびを下から入れる。

≪ できあがり ≫

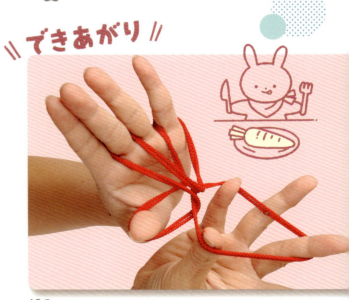

右手をしゃしんのようにひろげる。

25

すなどけい

レベル 1 / ひも ふつう

ゆび先を上にむけたり下にむけたりして、すなのいちをうごかそう。

1 ひもを2じゅうにして、「中ゆびのかまえ」をする。おやゆびのせで、上から★をとる。

4 おやゆびの上にかかっている×の2本のひもだけをはずして、ゆびさきをむこうへむける。

ポイント
上2本のひもだけをゆびでつまんで、ゆっくりはずそう。

2 小ゆびのひもをはずす。

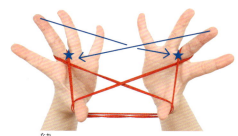

3 中ゆびのせで★をとりあう。

≪できあがり≫

ふじさん

おおきなふじさんをつくって、りょこうきぶん！

ひとりであやとり

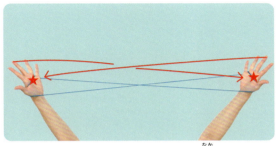

1　「ねじれのかまえ」をする。中ゆびのせで★をとる。

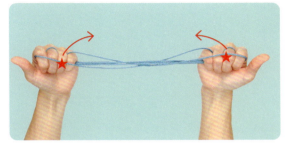

4　★をまわしているところ。まわしおわったら、ゆびさきをむこうがわへむける。

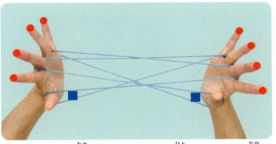

2　■の中に、それぞれの人さしゆび、中ゆび、くすりゆび、小ゆびを入れて、ひもをにぎる。

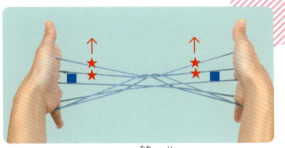

5　おやゆびを■の中に入れて、ゆびをひらき、★のひもを上へもち上げる。

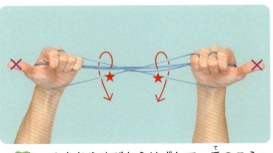

3　★をおやゆびからはずして、手のこうへまわす。

≪できあがり≫

ヨット

うみをはしるヨット！ フックにひっかけてつくろう。

1 2じゅうにしたひもを左手のおやゆびと小ゆび、右手の人さしゆびとおやゆびにかける。

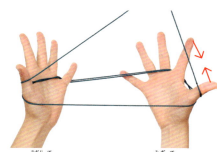

3 左手のゆびをひろげ、右手のおやゆびと人さしゆびをくっつける。

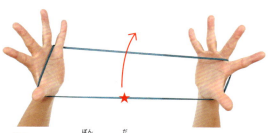

2 ★を1本ひき出して、フックなどにひっかける。

≪できあがり≫

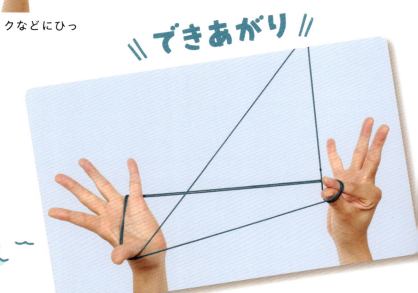

ハート

赤いひもをたらしてかわいいハートに。みじかいけいとがおすすめ。

ひとりであやとり

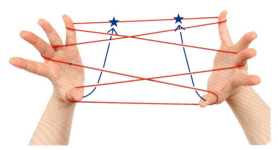

1 「なかゆびのかまえ」をする。おやゆびのせで、ほかのひもの下から★をとる。

ポイント
ほかのひもをとらないように気をつけよう。

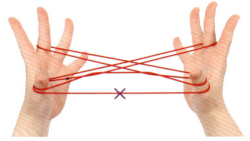

3 おやゆびにかかる✗のひもだけをはずして、ゆびさきをむこうへむける。まえから見ると……。

ポイント
はんたいの手をつかってはずしてもいいよ。

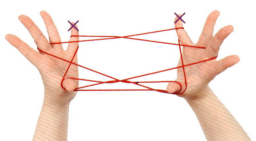

2 こゆびのひもをはずす。

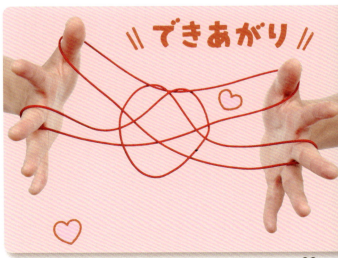

≪できあがり≫

もくば

りょう手をゆらして、もくばをはしらせよう。

① 「きほんのかまえ」をする。★をそれぞれのおやゆびと小ゆびにかける。

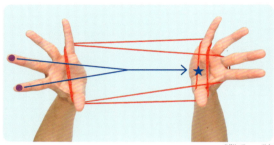

③ はんたいがわもおなじように、左手の人さしゆびと中ゆびのせで★をとる。

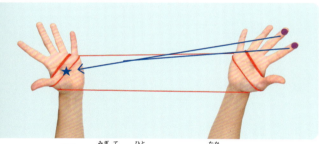

② 右手の人さしゆびと中ゆびのせで★をとる。

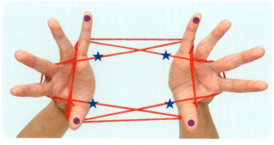

④ ●のゆびをそれぞれまげて、★をゆびのはらでとる。

ポイント
2本のゆびをそろえて、★のひもをひくよ！

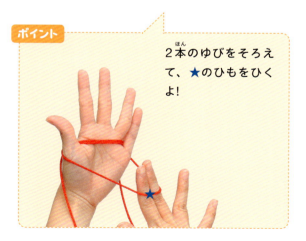

ポイント
とっているところ。おやゆびと小ゆびにかかっていたひもは、しぜんにはずれるよ！

ひとりであやとり

5 ★のひもはながめ、★のひもはみじかめにゆびにかけて、かたちをととのえる。

≡ できあがり ≡

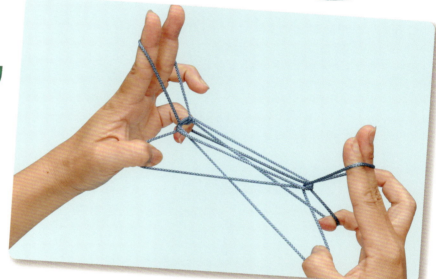

あそびかたいろいろ

左の人さしゆびと中ゆびのところにできるわがあたまだよ。手を上や下にうごかして、はしらせよう。

 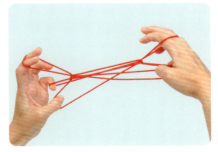

おやゆびと小ゆびをしっかりとまげて、ひもがはずれないようにしよう！

プリン

レベル 2 / **ひも みじかめ**

おさらにのったプリン。おいしそうなかたちをつくろう！

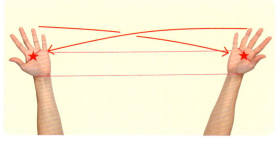

1 「きほんのかまえ」をする。くすりゆびのせで★をとりあう。

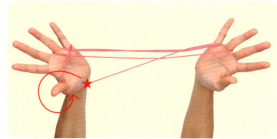

4 ★を左手のおやゆびに1かいまきつける。

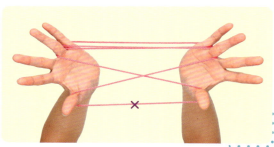

2 おやゆびのひもをはずす。

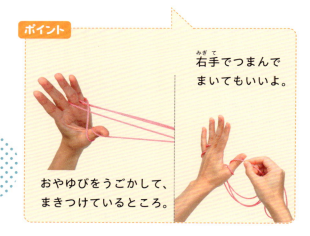

ポイント
右手でつまんでまいてもいいよ。
おやゆびをうごかして、まきつけているところ。

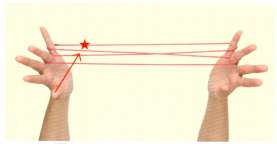

3 左手のおやゆびのせで★をとる。

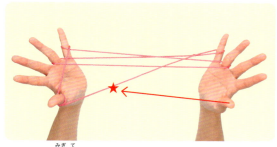

5 右手のおやゆびのせで★をとる。

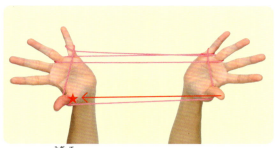
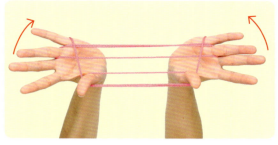

6 右手のおやゆびのせで★をとる。

8 ゆびさきをむこうがわにむける。

ひとりであやとり

ポイント

右手の人さしゆびもつかって、★をつまんでひき出し、おやゆびにかけてもいいよ。

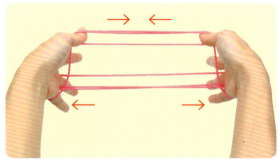

9 小ゆびどうしはすこしはなして、おやゆびのひもをちかづけ、ひもをつまんでかたちをととのえる。

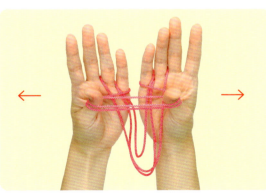

7 とったところ。ひもをゆるめてかたちをととのえながら、すこしずつひっぱる。

≪ できあがり ≫

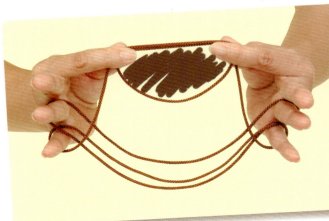

りんご

レベル 2
ひも ながめ

まるまるとしたりっぱなりんご。とってもおいしそうだね。

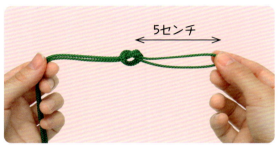

1 ひものとちゅう、5センチくらいのところにむすびめをつくる。

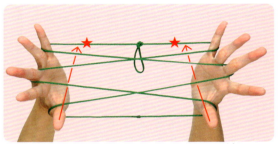

3 おやゆびのせで、ほかのひもの下から★をとる。

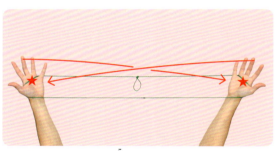

2 むすびめが小ゆびがわになるように、ひもをおやゆびと小ゆびにかけて「きほんのかまえ」をし、中ゆびのせで★をとりあう。

ポイント

手のひらをむこうがわにむけると、とりやすいよ。むすびめのいちが、まん中からずれないようにていねいにとろう。

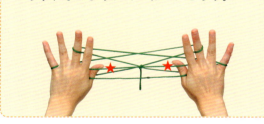

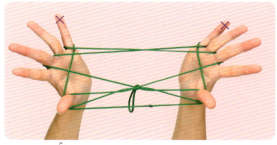

4 小ゆびのひもをはずす。

ひとりであやとり

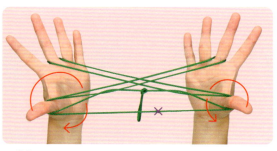

5 おやゆびをうちがわにたおして、✕のひもだけをはずす。

ポイント
あやとりは、手だけではなく、からだのいろいろなところをつかうものもあるよ。

6 ★を口でくわえる。まえから見ると……。

≪ できあがり ≫

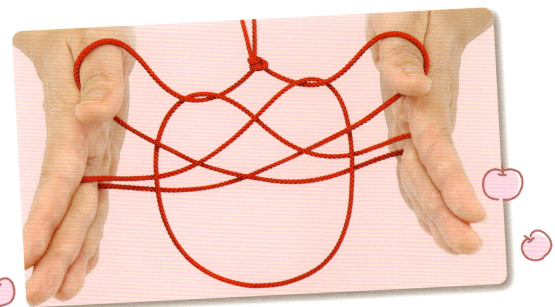

レベル2 ひも ふつう ナス

手のひらにのるナス。できたらかたちをきれいにととのえてね。

1 ひもを2じゅうにしてむすびめをつくる。

ポイント

むすびめは、わっかをつくって、■の中に★をとおすよ。

2 むすびめを上にして、左手のおやゆびと小ゆびにひもをかけ、★を2本とも1かいまきつける。

ポイント

右手をつかってひもをまきつけよう。

3 右手をつかって、むすびめの下から左手の中ゆびに★をかける。

4 むすびめを上に上げる（むすびめがおちてくるときは、左手の人さしゆびとくすりゆびでかるくはさむ）。

できあがり

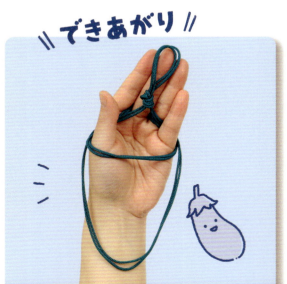

レベル 2
ひも みじかめ

おうかん

おうかんをかぶってみると、とってもえらいおうさまきぶん。

ひとりであやとり

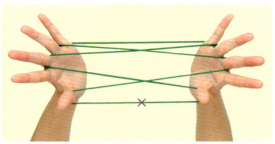

1 「中ゆびのかまえ」をする。おやゆびのひもをはずす。

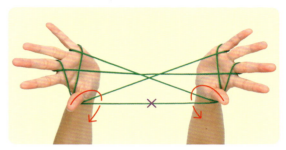

4 おやゆびをうちがわにたおして、✗のひもだけをはずす。

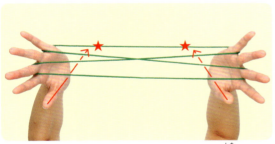

2 おやゆびのせで、ほかのひもの下から★をとる。

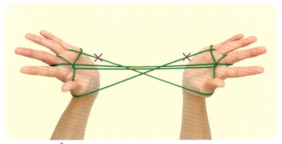

5 小ゆびのひもをはずして、ゆびさきをむこうがわにむける。

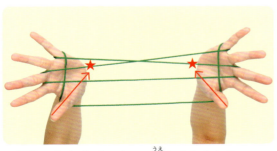

3 おやゆびのせで、上から★をとる。

《できあがり》

レベル 2
ひも みじかめ

1だんばしご

みじかいひもでつくると、きれいにできるよ。

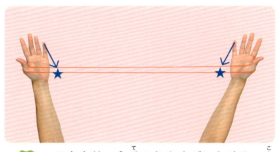

1 ひもをりょう手のおやゆびにかける。小ゆびのせで★をとる。

> **ポイント**
> 1だんばしごは、みじかいひもでつくると、きれいにできるよ。

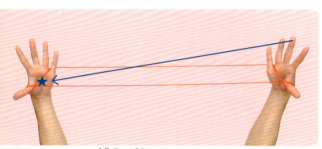

2 右手の中ゆびのせで★をとる。

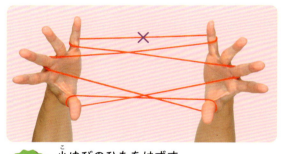

4 小ゆびのひもをはずす。

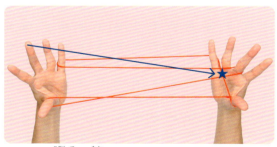

3 左手の中ゆびのせで★をとる。

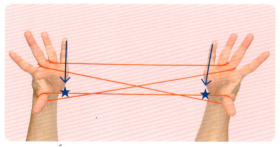

5 小ゆびのせで★をとる。

6 おやゆびのせで★をとる。

ポイント
はんたいの手をつかって、かたほうずつ★をかけてもいいよ。

ひとりであやとり

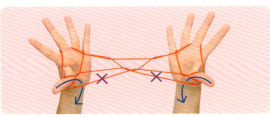

7 おやゆびをうちがわにたおし、✕のひもだけをはずす。

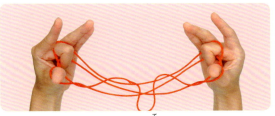

10 はずしたところ。手のひらをむこうがわにむける。

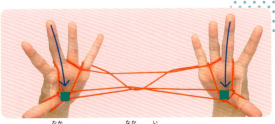

8 中ゆびを■の中に入れる。

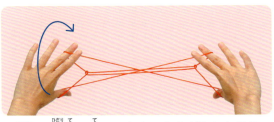

11 左手の手のひらをこちらがわにむける。

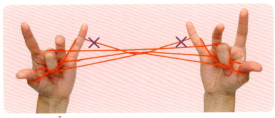

9 小ゆびのひもをはずす。

≪ できあがり ≫

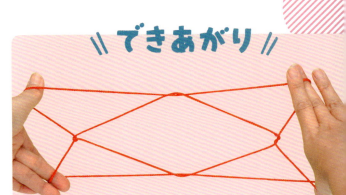

2だんばしご

ひもをはずすときは、りょう手をつかってしんちょうに。

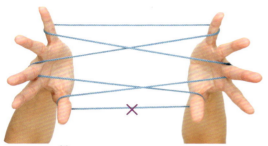

1 「中ゆびのかまえ」をする。おやゆびのひもをはずす。

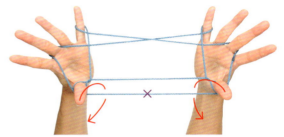

4 おやゆびをうちがわにたおして、×のひもだけをはずす。

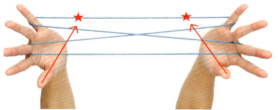

2 おやゆびのせで、★をとる。

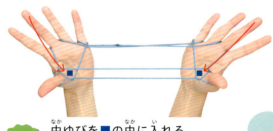

5 中ゆびを■の中に入れる。

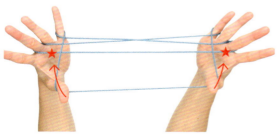

3 おやゆびのせで、★をとる。

ポイント

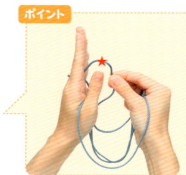

はんたいの手をつかって、かたほうずつ★をかけてもいいよ。

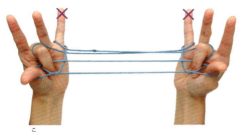

6 小ゆびのひもをはずす。

7 はずしたところ。手のひらをむこうがわにむける。

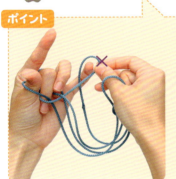

ポイント はんたいの手をつかって、かたほうずつそっとはずそう。

できあがり

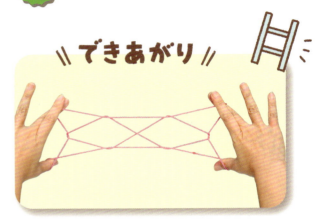

あそびかたいろいろ

たくさんのはしごをマスターしよう！

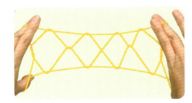

4だんばしご（44ページ）

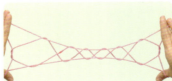

6だんばしご（46ページ）

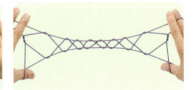

8だんばしご（48ページ）

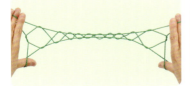

10だんばしご（51ページ）

12だんばしご（53ページ）

14だんばしご（53ページ）

ひとりであやとり

3だんばしご

りょう手をひねってかんせいするはしごだよ。

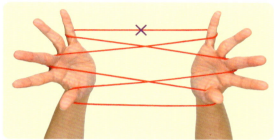

1 「中ゆびのかまえ」をする。小ゆびのひもをはずす。

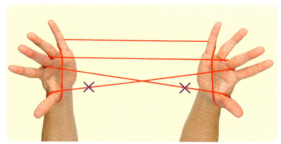

4 おやゆびのひもをはずす。

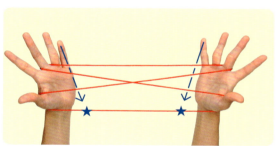

2 小ゆびのせで、ほかのひもの下から★をとる。

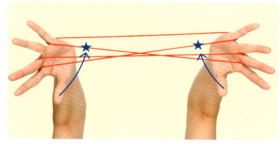

5 おやゆびのせで★をとる。

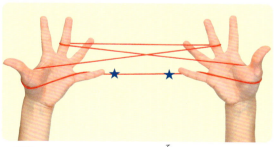

3 とっているところ。手のひらをこちらがわにむけて、小ゆびをしっかりのばしてとる。

> **ポイント**
>
> ほかのひもの下からとるのは、ちょっとむずかしいよ！ 中ゆびのひもがはずれないように、気をつけて。

ひとりであやとり

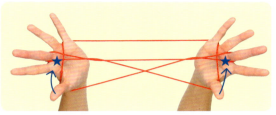

6 おやゆびのせで★をとる。

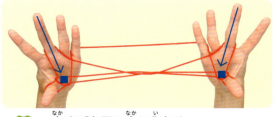

8 中ゆびを■の中に入れる。

ポイント

はんたいの手をつかって、かたほうずつかけてもいいよ。

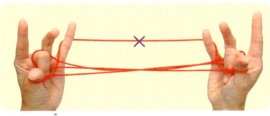

9 小ゆびのひもをはずす。

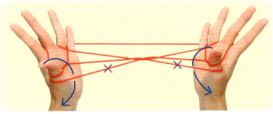

7 おやゆびをうちがわにたおして、×のひもだけをはずす。

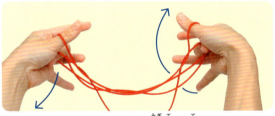

10 はずしたところ。右手の手のひらはむこうがわに、左手の手のひらはこちらがわにむける。

≪ できあがり ≫

43

4だんばしご

4だんばしごから、いろいろなかたちをつくれるよ。

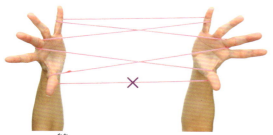

1 「中ゆびのかまえ」をする。おやゆびのひもをはずす。

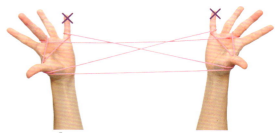

4 小ゆびのひもをはずす。

2 おやゆびのせで、下から★をとる。

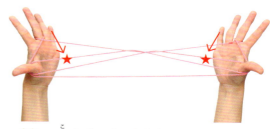

5 小ゆびのせで★をとる。

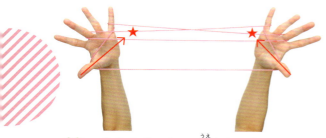

3 おやゆびのせで、上から★をとる。

6 おやゆびのひもをすべてはずす。

44

ひとりであやとり

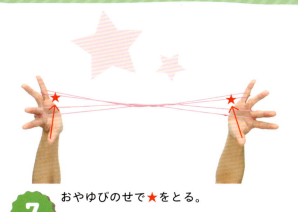

7 おやゆびのせで★をとる。

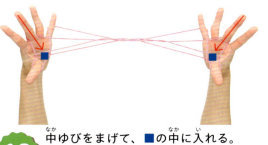

10 中ゆびをまげて、■の中に入れる。

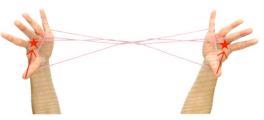

8 おやゆびのせで★をとる。

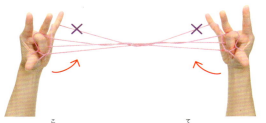

11 小ゆびのひもをはずし、手のひらをむこうへむける。

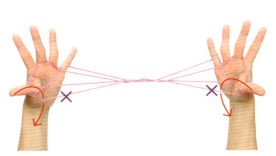

9 おやゆびをうちがわにたおして、✕のひもだけをはずす。

アレンジ
4だんばしごからつくるれんぞくあやとり!
● エッフェルとう（134ページ）
● ロケット（135ページ）　● カヌー（136ページ）
● あみ（137ページ）

≪できあがり≫

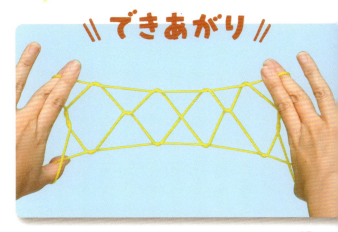

45

6だんばしご (5だん)

レベル 3　ひも ながめ

4だんからさらにふえた5だん、6だんばしご。

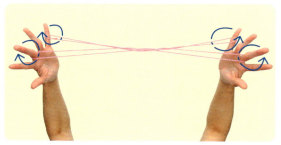

1 44ページ「4だんばしご」の、❻までをつくる。りょう手の中ゆびと小ゆびを1かいずつまわして、ひもをひねる。

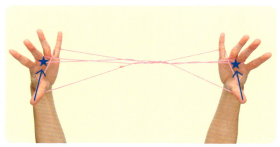

3 おやゆびのせで★をとる。

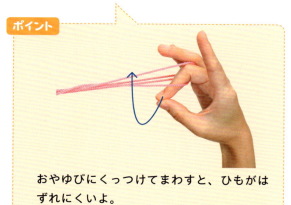

ポイント おやゆびにくっつけてまわすと、ひもがはずれにくいよ。

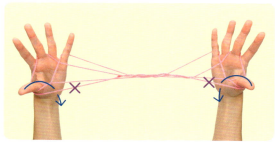

4 おやゆびをうちがわにたおして、✕のひもだけをはずす。

2 おやゆびのせで★をとる。

ポイント ❷からは「4だんばしご」とおなじだよ！

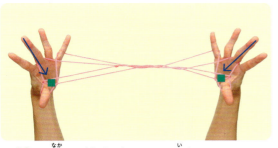

5 中ゆびをまげて、■に入れる。

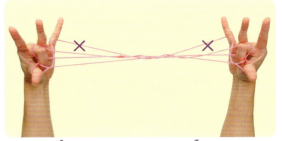

6 小ゆびのひもをはずし、手のひらをむこうへむける。

ひとりであやとり

6だんばしご できあがり

→ **5だんばしご**

できあがり

46ページの**1**のときに、かた手の中ゆびと小ゆびだけをまわすと、「5だんばしご」ができるよ。

8だんばしご (7だん)

つくりかたのどうがが見られるよ。

8だんばしごをアレンジをすると、7だんばしごができるよ。

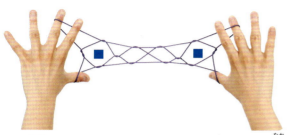

1 44ページ「4だんばしご」をつくる。中ゆびを■の中に下から入れる。

ポイント

■に入れているところ。中ゆびにかかっていたひもは、しぜんとはずれるよ。

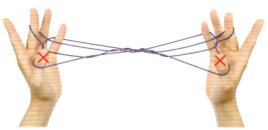

3 おやゆびのひもをはずし、ゆびさきをむこうへむける。

4 おやゆびのせで★を下からとり、ゆびさきを手まえにむける。

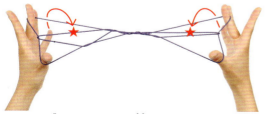

2 小ゆびのせで、上から★をとる。

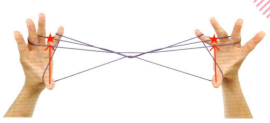

5 おやゆびのせで★をとる。

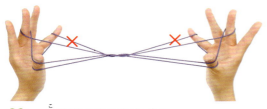

⑥ 小ゆびのひもをはずす。

⑩ はずれないように、ひとつずつまわす。

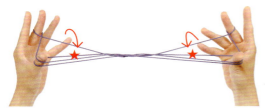

⑦ 小ゆびのせで★を上からとる。

⑪ おやゆびのせで★をとる。

⑧ おやゆびのひもをすべてはずす。

⑫ おやゆびのせで★をとる。

⑨ 中ゆびと小ゆびを1かいずつまわして、ひもをひねる。

⑬ おやゆびをうちがわにたおして、×のひもだけはずす。

ひとりであやとり

つぎのページにつづくよ

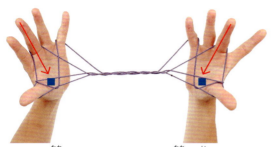

14 中ゆびをまげて、■の中に入れる。

15 小ゆびのひもをはずし、手のひらをむこうへむける。

→ **7だんばしご**

49ページの❾のときに、かた手の中ゆびと小ゆびだけをまわすと、「7だんばしご」ができるよ。

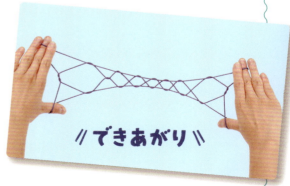

50

10だんばしご (9だん・12だん・14だん)

10だんができたら、12だんと14だんもつくれるよ。

つくりかたのどうがが見られるよ。

ひとりであやとり

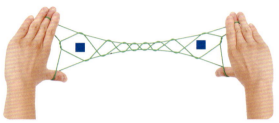

1 48〜50ページまでの「8だんばしご」をつくる。中ゆびを■の中に下から入れる。

4 おやゆびのせで★をとり、ゆびさきを手まえにむける。

2 小ゆびのせで、上から★をとる。

5 小ゆびのひもをはずす。

3 おやゆびのひもをはずし、ゆびさきをむこうへむける。

6 小ゆびのせで★をとる。

51

7 「8だんばしご」の ③ から ⑭ をつくる。

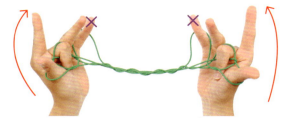

8 小ゆびのひもをはずし、手のひらをむこうへむける。

10だんばしご できあがり

→9だんばしご

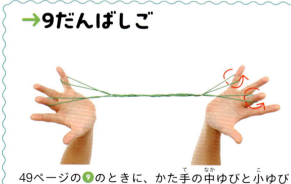

49ページの ⑨ のときに、かた手の中ゆびと小ゆびだけをまわすと、「9だんばしご」ができるよ。

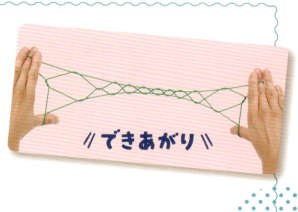

できあがり

12だんばしご・14だんばしご

「10だんばしご」のできあがりから、もう1かい51ページの①から⑧をつくると「12だんばしご」が、さらにもう1かい①から⑧をつくると「14だんばしご」ができるよ。

ひとりであやとり

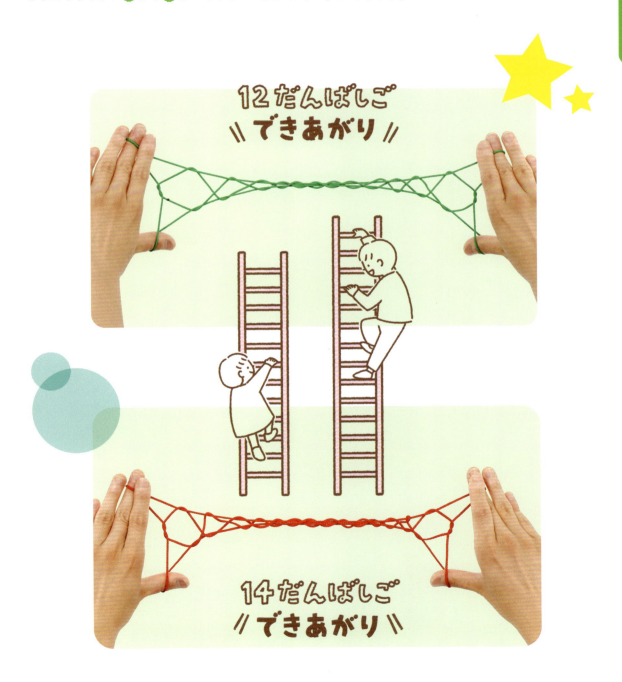

イナズマ

レベル 3 / ひも ふつう

ピカっとあらわれるイナズマ。さいごは、いきおいよくもちあげよう！

1 ひもをしゃしんのようなかたちにおく。

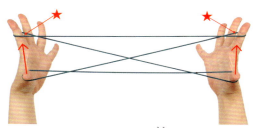

4 おやゆびのせで★を上からとる。

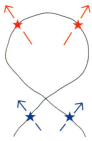

2 ★を人さしゆびのせで、★をおやゆびのせでとる。

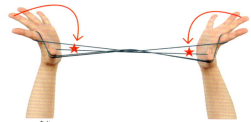

5 中ゆびのせで★をとる。

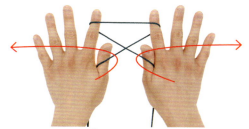

3 りょう手をひらく。

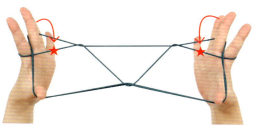

6 くすりゆびのせで★をとる。

ひとりであやとり

7 小ゆびのせで★をとり、ゆびさきをむこうへむける。

9 小ゆびのひもをピンとはったまま、おやゆびを★に入れて、★をおやゆびで上にもち上げる。

ポイント
おやゆびのひもをそっとはずそう。

8 おやゆびのひもをはずし、はずしたひもをむこうがわにぶらさげる。

≪できあがり≫

ダイヤモンド

ダイヤモンドができたら、大きなダイヤにもちょうせんしてね。

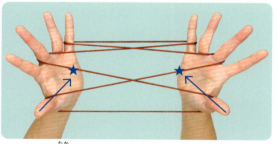

1 「中ゆびのかまえ」をする。おやゆびのはらで★をおさえる。

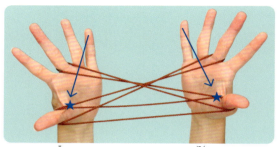

4 小ゆびのせで★のひもを2本ともとる。

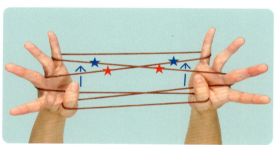

2 おさえているところ。そのまま、おやゆびのせで下から★をとる。★のひもの下をとおるようにする。

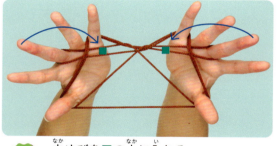

5 中ゆびを■の中に入れる。

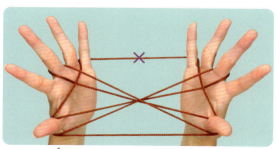

3 小ゆびのひもをはずす。

6 おやゆびのひもをすべてはずす。

ひとりであやとり

7 はずしているところ。中ゆびのせにかかっていたひもも、しぜんにはずれるよ。

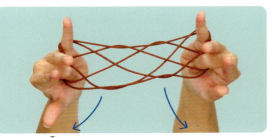

8 手のひらをこちらがわにむける。

ダイヤモンド できあがり

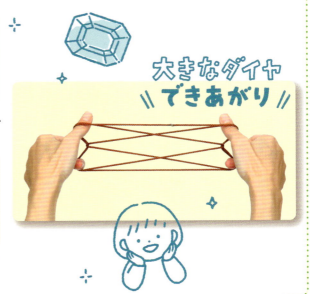

あそびかたいろいろ

「ダイヤモンド」の ❻ からとりかたをかえると、「大きなダイヤ」ができるよ！

1 「ダイヤモンド」の ❻ までできたら、小ゆびのひもをすべてはずす。

2 はずしたところ。おやゆびをむこうがわにむける。

大きなダイヤ できあがり

57

レベル 3
ひも ながめ

りったいダイヤモンド

うつくしいダイヤモンドがうかび上がってくるよ。

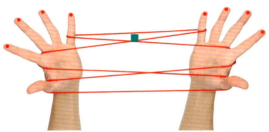

1 「人さしゆびのかまえ」をする。■の中に人さしゆび、中ゆび、くすりゆび、小ゆびを入れて、ひもをにぎる。

3 まわしたところ。小ゆびのせで★をとり、★のひもを手くびまでおろす。

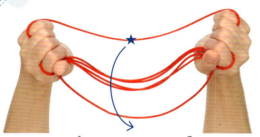

2 ★を小ゆびからはずし、手のこうをとおって、おやゆびの手まえにまわす。

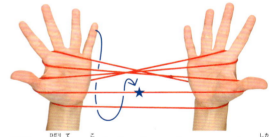

4 左手の小ゆびのせで、すべてのひもの下からおやゆびのひも★をとる。

ポイント

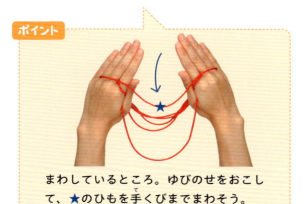

まわしているところ。ゆびのせをおこして、★のひもを手くびまでまわそう。

ポイント

左手の手のひらを上にむけると、とりやすいよ。

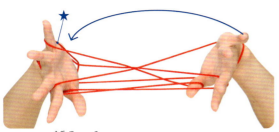

5 右手の小ゆびのせで★をとる。

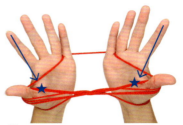

9 人さしゆびのせで★を2本ともとる。

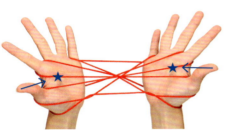

6 おやゆびのせで★をとる。

10 おやゆびのひもをすべてはずす。

7 人さしゆびのひもをはずす。

11 小ゆびのひもをはずし、ゆびさきをむこうがわにむける。

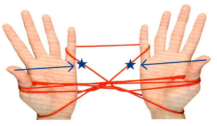

8 おやゆびのせで★をとる。

できあがり

ひとりであやとり

トンネル

レベル 3 / ひも ながめ

トンネルをくぐって、ぼうけんしてみよう。

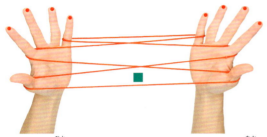

1 「人さしゆびのかまえ」をする。■の中に人さしゆび、中ゆび、くすりゆび、小ゆびを入れて、ひもをにぎる。

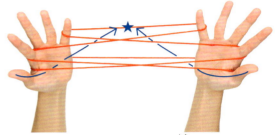

3 まわしたところ。★を下から、おやゆびのせでとる。

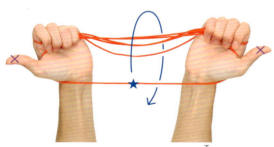

2 ★をおやゆびからはずし、手のこうをとおって、手くびまでまわす。

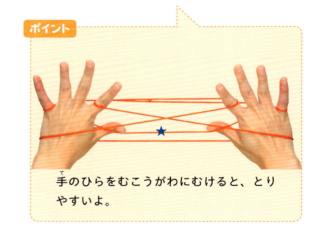

ポイント 手のひらをむこうがわにむけると、とりやすいよ。

ポイント まわしているところ。

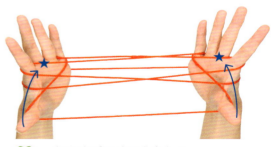

4 おやゆびのせで★をとる。

ひとりであやとり

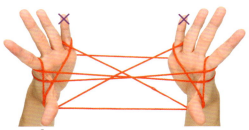

5 小ゆびのひもをはずす。

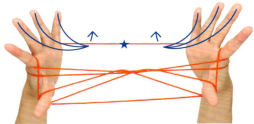

6 中ゆび、くすりゆび、小ゆびを★の下にくぐらせて、★が人さしゆびにかかるようにする。

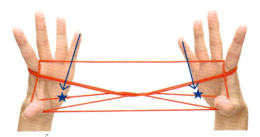

7 小ゆびのせで★をとる。

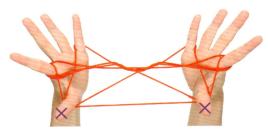

8 おやゆびのひもをすべてはずす。

9 おやゆびのせで★をとる。

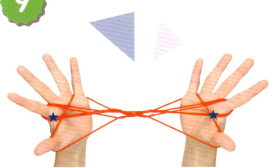

10 人さしゆびの2本のひも★を、それぞれのおやゆびにかける。

> ポイント
> はんたいの手をつかって、かたほうずつかけるよ。

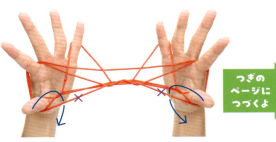

11 おやゆびをうちがわにたおして、×のひもだけをはずす。

つぎのページにつづくよ

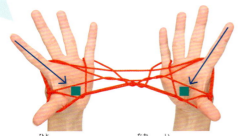

12 人さしゆびを■の中に入れる。

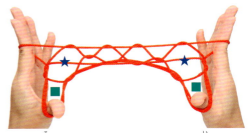

16 小ゆびをむこうがわから■に入れて、さがってきた★をはらでとり、ひき出す。

13 小ゆびのひもをはずす。

17 おやゆびのひもをはずす。

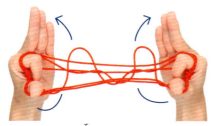

14 そのまま、手のひらをむこうがわにむけて、手をひらく。

≪できあがり≫

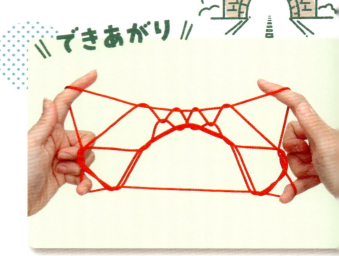

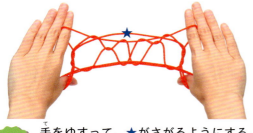

15 手をゆすって、★がさがるようにする。

いきもの
あやとり

おたまじゃくし

レベル 1 / ひも ふつう

おたまじゃくしが、いまにもうごき出しそう！

1 ひもを2じゅうにして、左手にかけ、★を右手でひき出す。

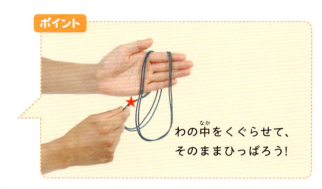

ポイント わの中をくぐらせて、そのままひっぱろう！

2 左手にかかっているわを、手からはずす。

3 わの中に、左手のおやゆびと人さしゆび、小ゆびを入れてひろげる。

ポイント はずしたわはりょう手でもとう。

できあがり

かえる

大きな口がチャームポイントのかえるがケロケロないてるよ。

いきもののあやとり

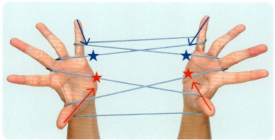

1 「中ゆびのかまえ」をする。おやゆびのせで★を、小ゆびのせで★を、それぞれとる。

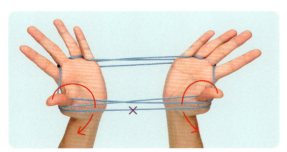

2 おやゆびをうちがわにたおして、✕のひもだけをはずす。

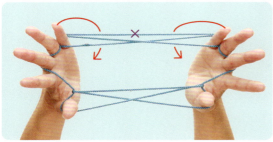

3 小ゆびをうちがわにたおして、✕のひもだけをはずす。

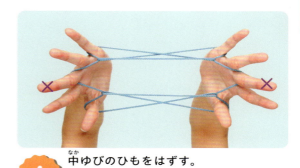

4 中ゆびのひもをはずす。

≪できあがり≫

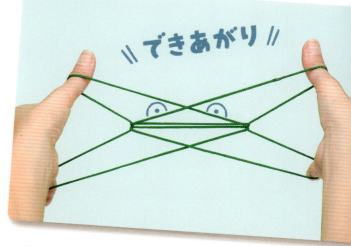

65

へび

にょろりとからだがのびるへびだよ。

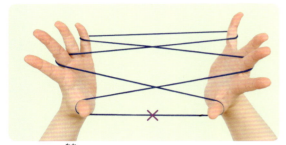

1 「中ゆびのかまえ」をする。おやゆびのひもをはずす。

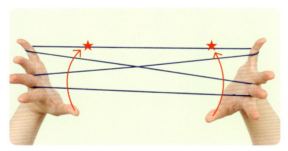

2 おやゆびのせで★をとる。

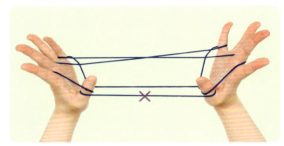

4 おやゆびをうちがわにたおして、×のひもだけをはずす。

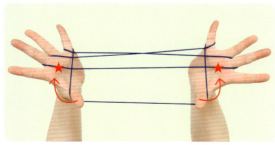

3 おやゆびのせで★をとる。

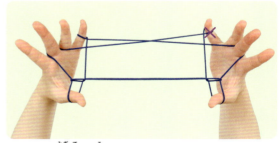

5 右手の小ゆびのひもをはずす。

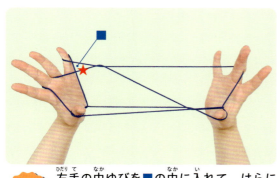
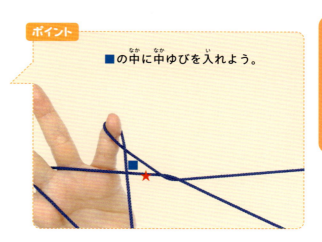

> **ポイント**
> ■の中に中ゆびを入れよう。

6 左手の中ゆびを■の中に入れて、はらに★をかける。

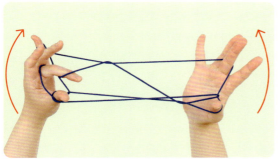

7 ゆびさきをむこうにむける。

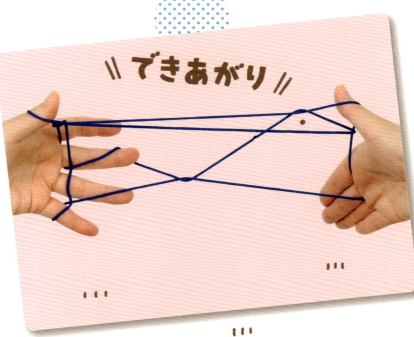

《できあがり》

いきもののあやとり

せみ

できあがったら、セロハンテープでこていしよう!

1 左手のおやゆびと小ゆびにひもをかけ、もう1しゅう、おやゆびと小ゆびにひもをかける。

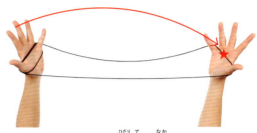

3 ★のひもを、左手の中ゆびのはらで、1かいひねりながらとる。

ポイント

もう1しゅう、ひもをかけているところ。

ポイント

ひねっているところ。

2 右手のおやゆびと小ゆびに★をかける。

4 ひもをゆびからはずし、つくえにおいて、かたちをととのえる。

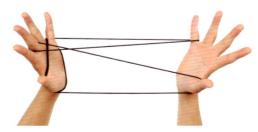

68

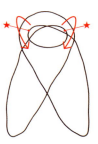

5 ★のひもを1かいひねる。

ポイント
ひねっているところ。

いきものあやとり

できあがり

うし

レベル **1** ひも ながめ

中ゆびをうごかして、耳をうごかそう。

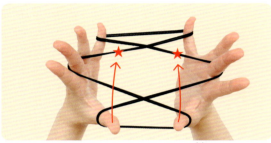

1 ひもを2じゅうにして、「中ゆびのかまえ」をする。おやゆびのせで★をとる。

3 小ゆびのひもをはずす。

2 おやゆびをうちがわにたおして、×のひもだけをはずす。

できあがり

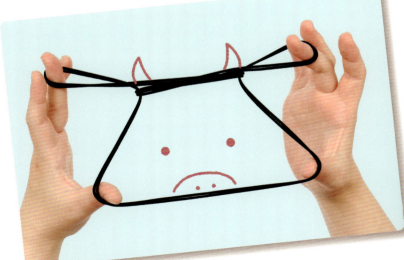

70

レベル2 ひも みじかめ ねずみ

耳がかわいいねずみのかおができるよ。

いきもののあやとり

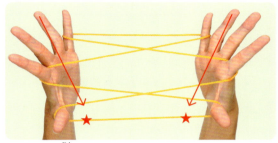

1 「人さしゆびのかまえ」をする。くすりゆびのせで★をとる。

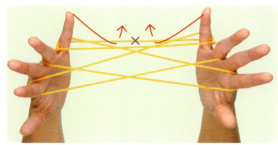

4 小ゆびをうちがわにたおして、×のひもだけをはずす。

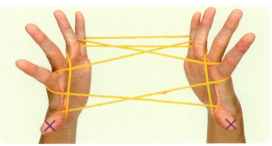

2 おやゆびのひもをはずす。

ポイント

ほかのひもがはずれないように気をつけよう。

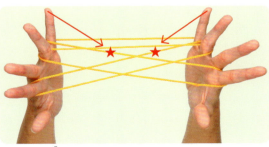

3 小ゆびのせで★をとる。

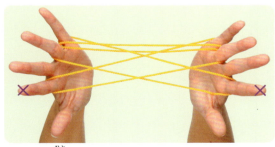

5 人さしゆびのひもをはずす。

つぎのページにつづくよ

71

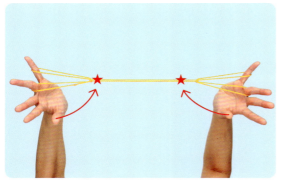

⑥ おやゆびのせで★をすべてとる。

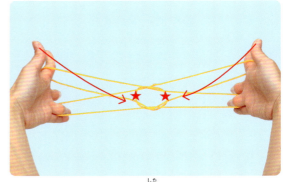

⑨ おやゆびのせで下から★をとる。

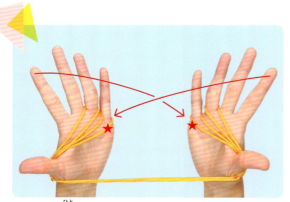

⑦ 人さしゆびのせで★をとりあう。

ポイント

とっているところ。ひもがながすぎるととりにくいので、みじかめのひもをつかおう!

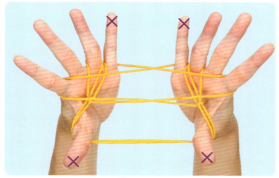

⑧ おやゆびと小ゆびのひもをすべてはずし、ゆびさきをむこうがわへむける。

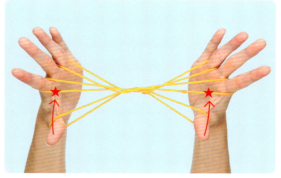

⑩ おやゆびのせで★をとる。

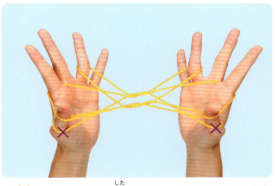

ポイント 上にかかっているひものそとがわからはずそう。

11 おやゆびの下にかかっている✕のひもだけを、はんたいの手をつかってはずす。

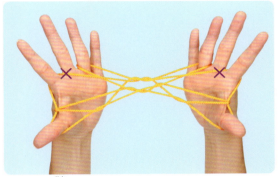

12 人さしゆびのひもをはずして、ゆびさきをむこうがわにむける。

// できあがり //

いきもののあやとり

ねこ

耳がピーンと立った、かわいいねこだよ。

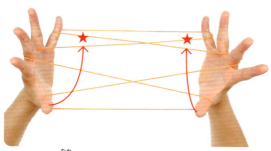

1 「中ゆびのかまえ」をする。おやゆびのせで、上から★をとる。

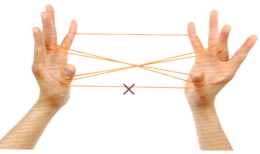

2 おやゆびをうちがわにたおして、×のひもだけをはずす。

3 ゆびさきをむこうにむける。

≪できあがり≫

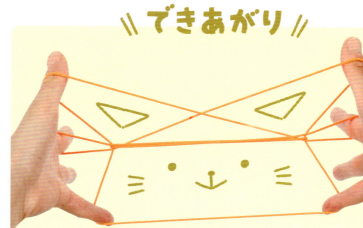

レベル2 ひもながめ りゅう

ゆらゆらとそらをとぶ、りゅうのあやとりだよ。

いきもののあやとり

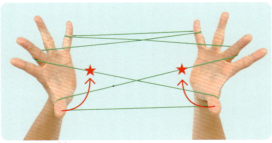

1 「中ゆびのかまえ」をする。おやゆびのせで★をとる。

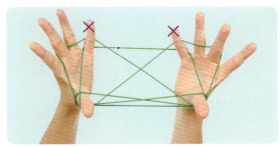

4 小ゆびのひもをすべてはずす。

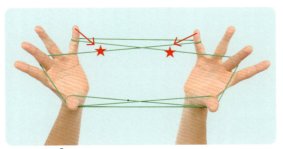

2 小ゆびのせで★をとる。

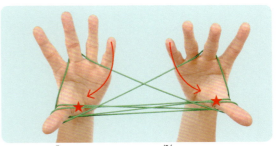

5 小ゆびのせで★を2本ともとる。

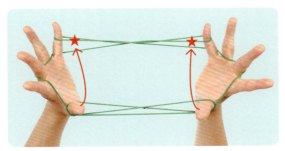

3 おやゆびのせで★をとる。

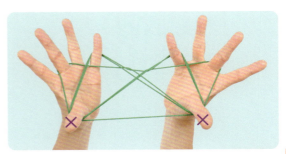

6 おやゆびのひもをすべてはずす。

つぎのページにつづくよ

75

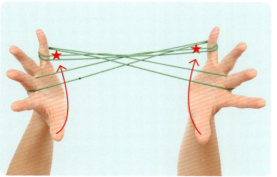

7 おやゆびのせで★を2本ともとる。

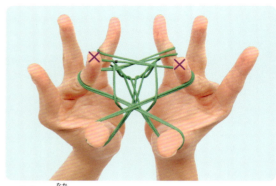

10 中ゆびのひもをすべてはずす。

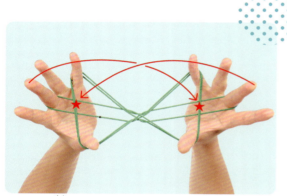

8 中ゆびのせで★をとりあう。

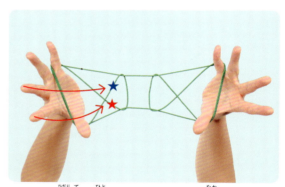

11 左手の人さしゆびで★を、中ゆびのせで★をとる。

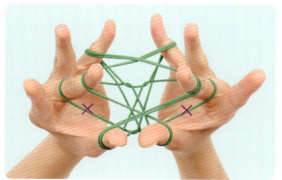

9 りょう手をつかって、中ゆびの下にかかっている×のひもだけをはずす。

ポイント

上のひもがはずれないようにしよう。

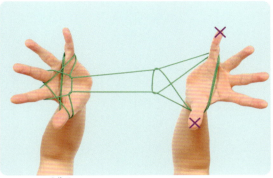

12 右手のひもをすべてはずす。

14 すこしひきだしたところ。右手で★をもつ。

いきもののあやとり

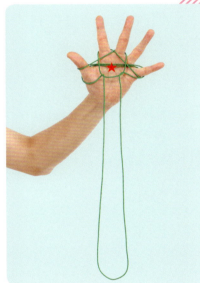

13 右手で★のうち1本をつまみ、すこしひき出す。

≪できあがり≫

レベル2 ひも みじかめ とら

おやゆびをうごかして、かっこいい耳をつくろう！

1 「人さしゆびのかまえ」をする。人さしゆび、中ゆび、くすりゆび、小ゆびで★をにぎる。

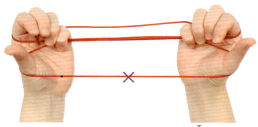

2 おやゆびから✕をはずし、手のこうへまわし、すべてのゆびを立てる。

ポイント
手のこうにかかるように、ひもをくるりとまわそう。

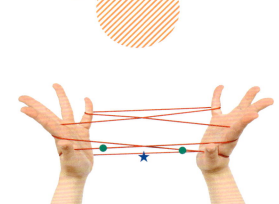

3 手のひらをむかいあわせて、おやゆびのはらで●をおさえたまま、おやゆびのせで★をとる。

ポイント
手のひらをむこうがわにむけると、★がとりやすいよ。

78

いきもののあやとり

4 手のこうにかかっているひもをはずす。

6 中ゆびのはらに★を2本ともかける。

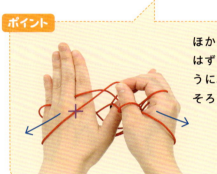

ポイント ほかのひもをはずさないように、ゆびをそろえよう。

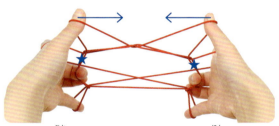

7 人さしゆびのはらに★を2本ともかけ、りょう手のおやゆびをすこしちかづける。

5 ゆびさきをむこうにむける。

≪できあがり≫

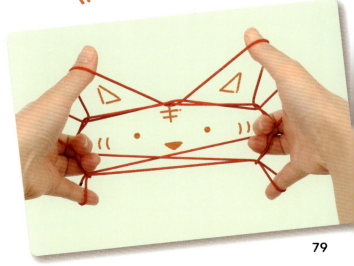

レベル2 ひも ふつう こうもり

手のむきをかえると、こうもりがとんでいくよ!

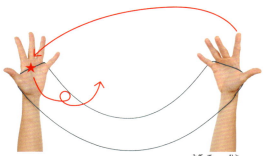

1 「きほんのかまえ」をする。右手の人さしゆびのはらで上から★をとり、手まえに1かいねじる。

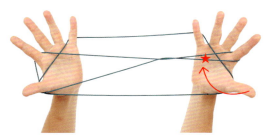

4 右手のおやゆびのせで★をとる。

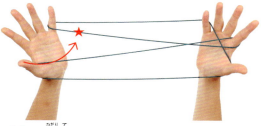

2 左手のおやゆびのせで★をとる。

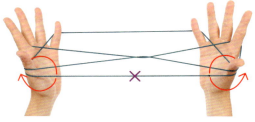

5 おやゆびをうちがわにたおして、✕のひもをはずす。

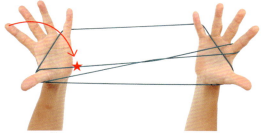

3 左手の人さしゆびのせで★をとる。

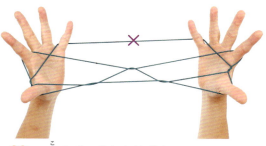

6 小ゆびのひもをはずす。

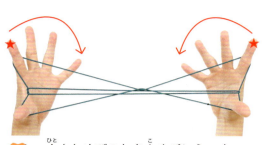

7 人さしゆびのわを小ゆびにうつす。

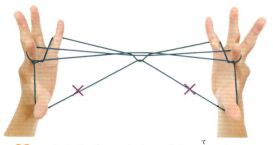

10 おやゆびのひもをはずす。手をむこうにむける。

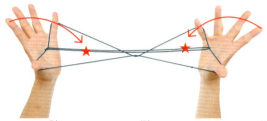

8 人さしゆびを2本のひものあいだに入れる。

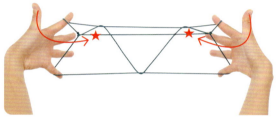

11 おやゆびのせで★をとる。

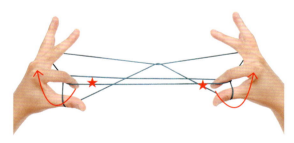

9 人さしゆびで★をとる。

≪できあがり≫

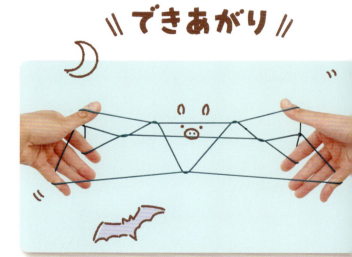

いきものあやとり

かに

よこにうごかして、かにあるきをしよう。

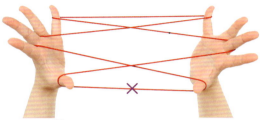

1 「中ゆびのかまえ」をする。おやゆびのひもをはずす。

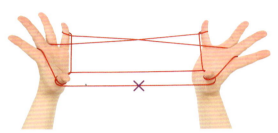

4 おやゆびをうちがわにたおして、×のひもだけをはずす。

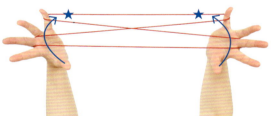

2 おやゆびのせで、上から★をとる。

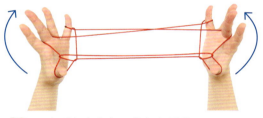

5 ゆびさきをむこうにむける。

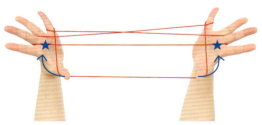

3 おやゆびのせで★をとる。

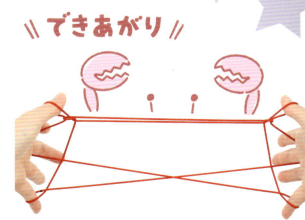

≪できあがり≫

レベル 2
ひも ながめ

くらげ

ゆらゆらゆれるくらげをつくえにひろげてみよう。

いきもののあやとり

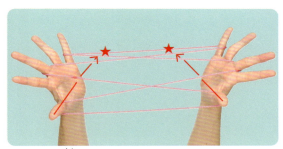

1 「中ゆびのかまえ」をする。おやゆびのせで下から★をとる。

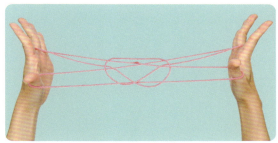

4 あやとりをつくえの上において、すべてのひもをゆびからそっとはずす。

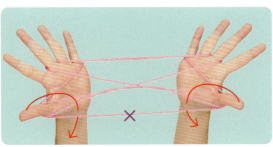

2 おやゆびをうちがわにたおして、×のひもだけをはずす。

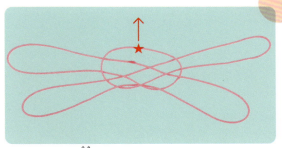

5 ★を上にひっぱって、かたちをととのえる。

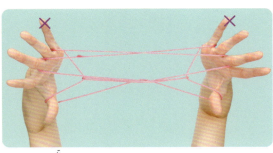

3 小ゆびのひもをはずす。

≪できあがり≫

レベル2 ひも ながめ　ひとで

手だけじゃなくて、口もつかうあやとりだよ。

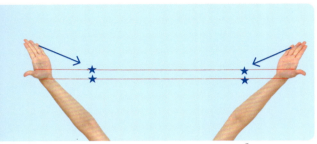

1 おやゆびにひもをかける。小ゆびのせで★を2本ともとる。

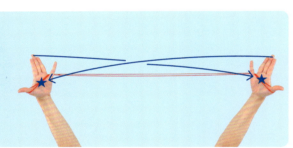

2 中ゆびのせで★を2本ともとりあう。

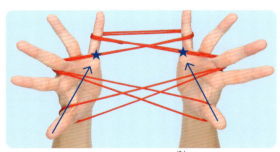

3 おやゆびのせで★を2本ともとる。

4 はんたいの手をつかって、おやゆびにかかっているいちばん下のひもをはずす。

ポイント

はんたいの手ではずしているところ。上の2本のひもがはずれないように気をつけてね。

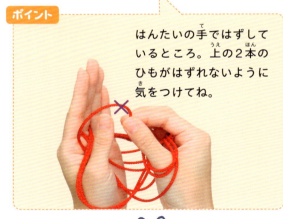

84

いきものあやとり

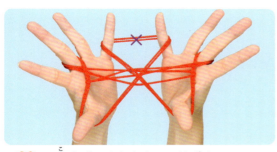

5 小ゆびのひもをすべてはずす。

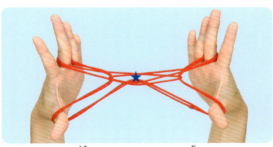

6 ★を口でくわえて、ひき出す。

ポイント
おやゆびにかかっている2本のひもをくわえるよ。

≪ できあがり ≫

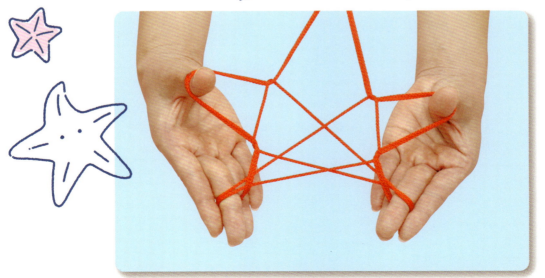

85

レベル **2** ひもながめ

かたつむり

ひもをしっかりとまきつけておくと、かたつむりのうずまきがきれいにできるよ！

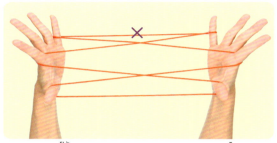

1 「人さしゆびのかまえ」をする。小ゆびのひもをはずして、そのままたるませておく。

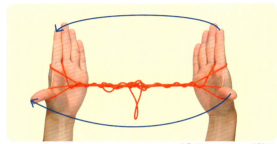

3 まきおわったところ。右手のひもを左手にうつす。

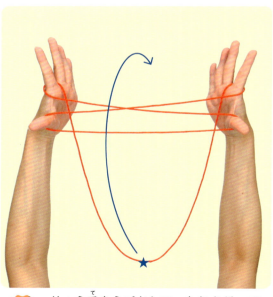

2 りょう手をうごかして、たれさがっている★のひもを、やじるしのほうこうにまきつけていく。

ポイント

こんなふうに右手から左手にひもをうつすよ。

ポイント

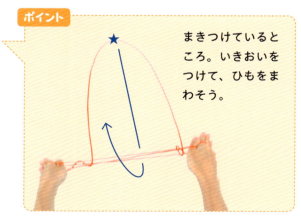

まきつけているところ。いきおいをつけて、ひもをまわそう。

いきものあやとり

4 左手にひもをうつしおわったところ。人さしゆびのひもを右手でもち、おやゆびのひもを左手でもつ。

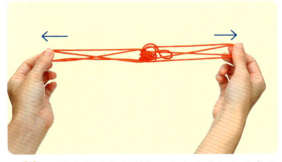

6 ひもをひきながら、かたちをととのえる。

5 りょう手をよこにひろげて、ひもをひく。

できあがり

87

レベル 2
ひも ながめ

どじょう

ほそながいからだで、げんきにおよぐどじょうだよ。

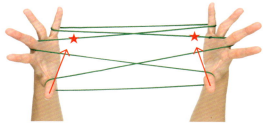

1 「中ゆびのかまえ」をする。おやゆびのせで★をとる。

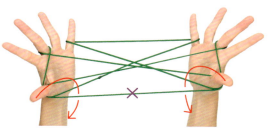

2 おやゆびをうちがわにたおして、×のひもだけをはずす。

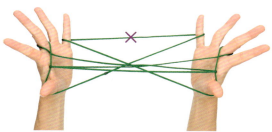

3 小ゆびのひもをはずす。

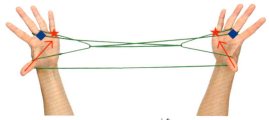

4 おやゆびのせで◆の下から★をとる。

ポイント

手のひらをむこうがわにむけると、とりやすいよ。中ゆびの手まえの◆のひもの下から、中ゆびのおくの★のひもをとるよ。

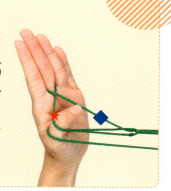

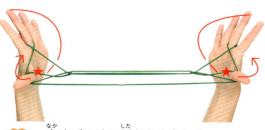

5 中ゆびのせで下から★をとる。

いきもののあやとり

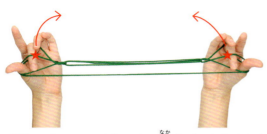

6 とっているところ。中ゆびにもともとかかっていたひもは、しぜんにはずれる。

9 ひもをそっとゆびからはずして、つくえの上におく。

7 おやゆびのひもをすべてはずす。

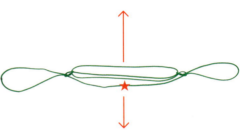

10 ★は下に、ほかの3本は上にひっぱって、かたちをととのえる。

8 ひもをよこにひく。

できあがり

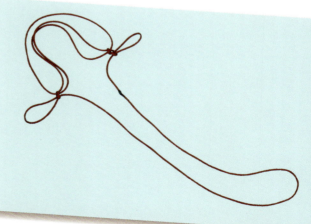

とんぼ

すばやくうごくとんぼを手でつかまえよう。

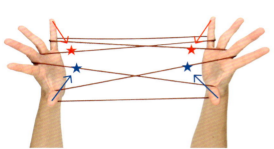

1 「中ゆびのかまえ」をする。おやゆびのせで★をとり、小ゆびのせで★をとる。

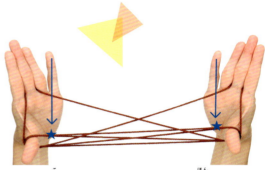

4 小ゆびのせで★のひもを2本ともとる。

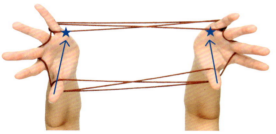

2 おやゆびのせで、★をとる。

5 おやゆびのひもをすべてはずす。

3 小ゆびにかかっているひもをすべてはずす。

6 中ゆびのひもをはずし、そっとりょう手をひろげる。

いきものあやとり

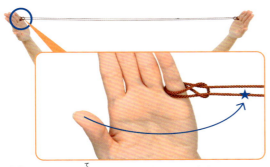

7 りょう手のおやゆびのせで★をとる。

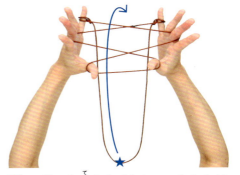

9 りょう手をうごかして、たれさがっている★のひもを、やじるしのほうこうにまきつける。

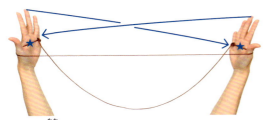

8 中ゆびのせで、★をとりあう。

10 まきつけた★を口でくわえ、ひっぱり、りょう手をひろげる。

≪できあがり≫

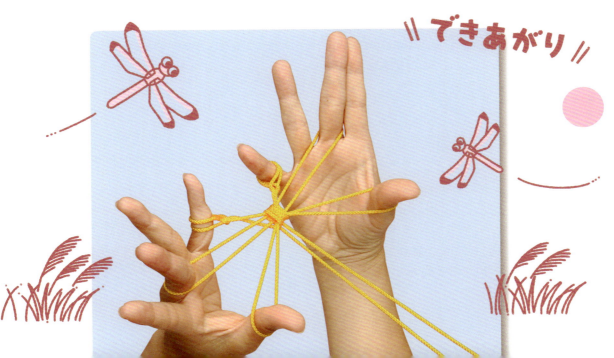

レベル3 ひもながめ
もんしろちょう
かんせいしたら、ちょうをヒラヒラとばしてみよう。

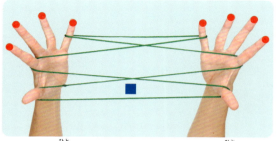

1 「人さしゆびのかまえ」をする。人さしゆび、中ゆび、くすりゆび、小ゆびを■の中に入れて、ひもをにぎる。

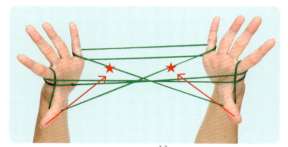

4 おやゆびのせで、上から★をとる。

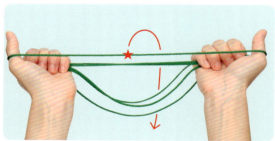

2 ★のひもをおやゆびからはずして、手のこうをこえて、むこうがわにまわす。

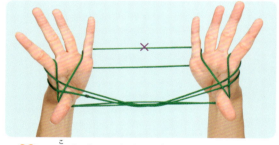

5 小ゆびのひもをはずす。

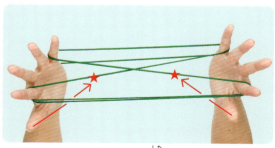

3 おやゆびのせで、下から★をとる。

ポイント

おやゆびのせで★を下にひいて、◆のひもの下からひき出すよ。

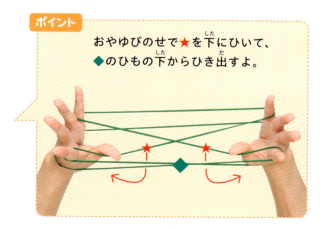

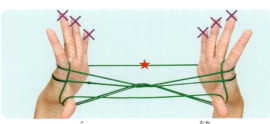

6 ★を小ゆび、くすりゆび、中ゆびからはずして、人さしゆびにかける。

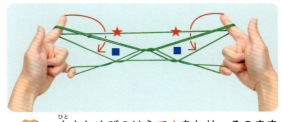

10 人さしゆびのはらで★をとり、そのまま■の中に入れる。

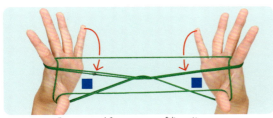

7 小ゆびを下から■の中に入れる。

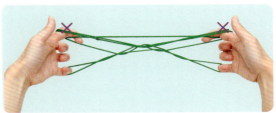

11 人さしゆびを立てる。✕のひもは、しぜんにはずれる。

8 小ゆびのはらで★をおさえて、下にひく。

できあがり

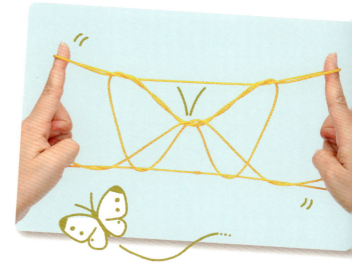

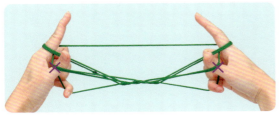

9 おやゆびのひもをすべてはずす。

いきものあやとり

さかな

レベル 3 / ひも みじかめ

そっとひもをひくと、ながーいさかなができるよ。

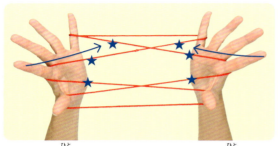

1 「人さしゆびのかまえ」をする。人さしゆびのはらで、★のひもをまとめてとる。

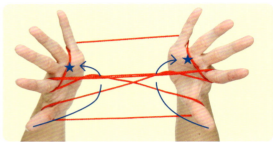

3 おやゆびのせで、下から★をひき出す。

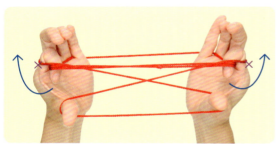

2 そのまま人さしゆびをやじるしのほうこうに立てて、ひもをかける。✕のひもは、しぜんにはずれる。

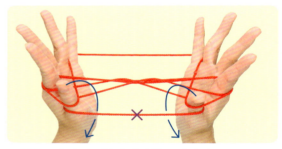

4 おやゆびをうちがわにたおして、✕のひもだけをはずす。

ポイント

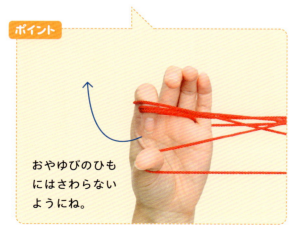

おやゆびのひもにはさわらないようにね。

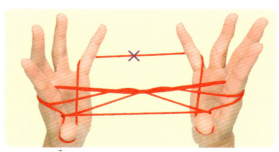

5 小ゆびのひもをはずす。

いきものあやとり

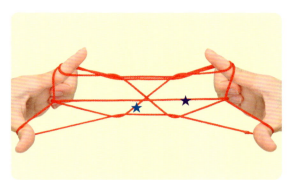

6 左手の小ゆびのはらで★をとり、右手の小ゆびのはらで★をとる。

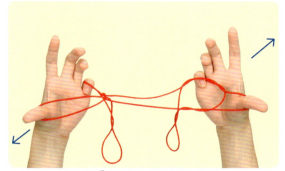

8 りょう手をひろげて、そっとひもをひき、ゆびさきをむこうにむける。

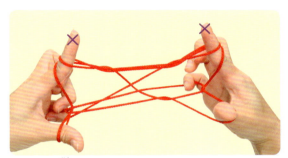

7 人さしゆびのひもをすべてはずす。

≪できあがり≫

かもめ

レベル 3
ひも ながめ

かもめができたら、そらにはばたかせてみようね。

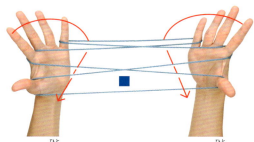

1 「人さしゆびのかまえ」をする。人さしゆびのはらをいちばんむこうにかけて、■から出す。

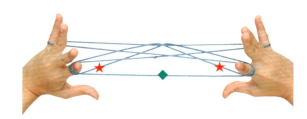

4 ◆のひもの下から、おやゆびのはらで★をとり、下にひく。

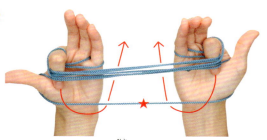

2 そのまま、人さしゆびのはらで★をとり、ゆびを立てる。

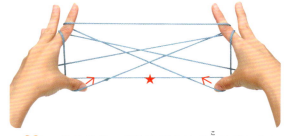

5 そのまま、おやゆびのせで小ゆびにかかっている★を下からとる。

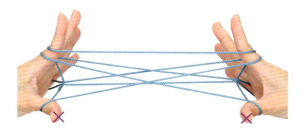

3 おやゆびのひもをはずす。

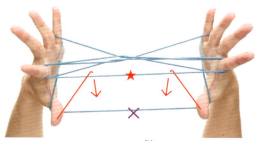

6 おやゆびのはらで人さしゆびの★をとり、下にひく。✕のひもは、しぜんにはずれる。

96

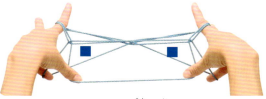

7 おやゆびを■の中に入れる。

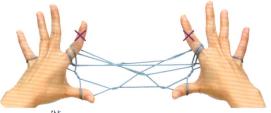

10 人さしゆびのひもをすべてはずす。

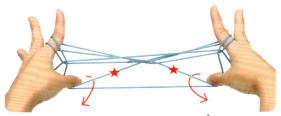

8 そのまま、おやゆびのせで小ゆびにかかっている★をとる。

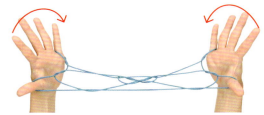

11 ゆびさきをむこうがわにむける。

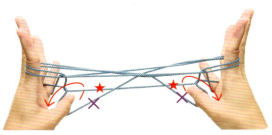

9 さらにおやゆびのせで★をとる。✕のひもは、しぜんにはずれる。

いきもののあやとり

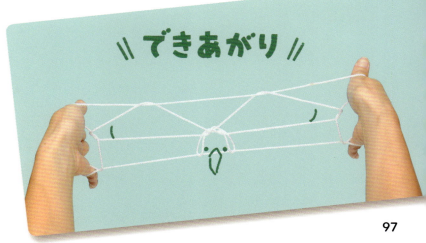

できあがり

97

うさぎ

レベル 3 / **ひも ながめ**

耳のながいうさぎ。ハートにも見えるね。

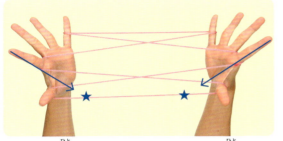

1 「人さしゆびのかまえ」をする。人さしゆびのせで★をとる。

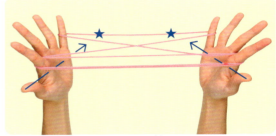

3 おやゆびのせで、下から★をとる。

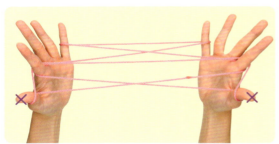

2 おやゆびのひもをはずす。

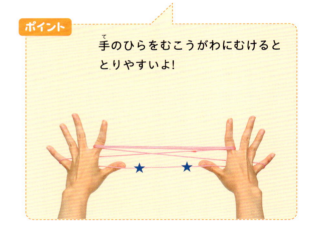

ポイント 手のひらをむこうがわにむけるととりやすいよ！

ポイント はんたいの手をつかってはずそう。

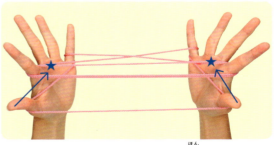

4 おやゆびのせで、★を2本ともとる。

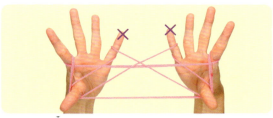

5 小ゆびのひもをはずす。

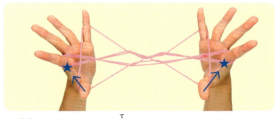

9 はんたいの手をつかって、おやゆびに★のひもを2本ともかける。

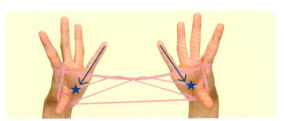

6 小ゆびのせで★をとる。

ポイント

かけているところ。

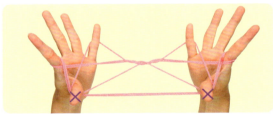

7 おやゆびのひもをすべてはずす。

10 おやゆびをうちがわにたおして、✕だけをはずす。

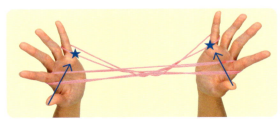

8 おやゆびのせで★をとる。

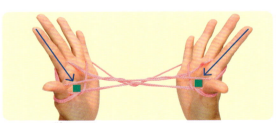

11 人さしゆびをまげて、■の中に入れる。

つぎのページにつづくよ

いきもののあやとり

12 小ゆびのひもをはずしながら、手のひらをむこうがわにむける。

14 ★をすべてのゆびでにぎる。

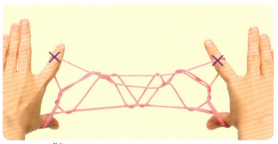

13 人さしゆびのひもをはずす。

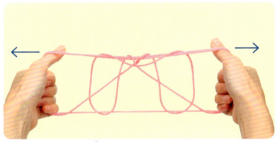

15 りょう手をすこしずつひろげて、かたちをととのえる。

≡ できあがり ≡

わくわく あやとり

リボン

かみにつけてのせてみると、おめかしできるよ。

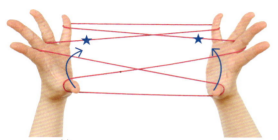

1 「中ゆびのかまえ」をする。おやゆびのせで、上から★をとる。

ポイント ほかのひもの上をとおって、★のひもをとるよ。

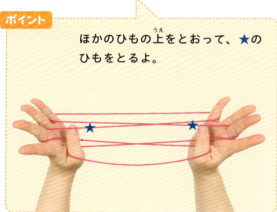

2 ゆびさきをむこうにむける。

≪できあがり≫

レベル **1**
ひも みじかめ

ブランコ

ぶらーんとゆれるブランコにのって、あそんでみよう！

わくわくあやとり

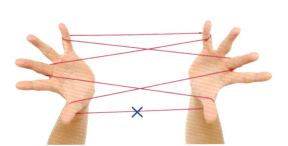

1 「中ゆびのかまえ」をする。おやゆびのひもをはずし、下にたらす。

ポイント
りょう手をつかってはずそう。

≪できあがり≫

103

はたおり

レベル 1
ひも ながめ

はたおりは、ぬのをおるきかい。さんかくのうごきが、はたおりににているよ。

① ひもを手くびにかける。右手と左手、それぞれ★をもう1かいずつまきつける。

ポイント
ひもはかならず、かたほうは手まえのひもを、もうかたほうはおくのひもをとってまくよ。

② 右手の小ゆびのせで★をとる。

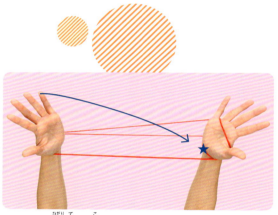

④ 左手の小ゆびのせで★をとる。

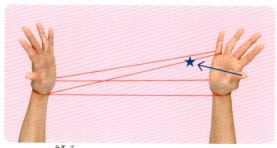

③ 右手のおやゆびのせで★をとる。

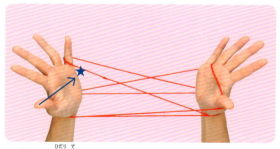

⑤ 左手のおやゆびのせで★をとる。

ポイント

ゆびをそろえて、ほかのひもがはずれないようにとろう。

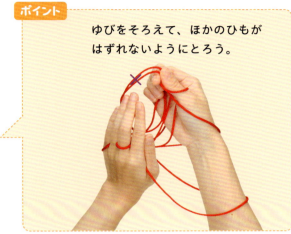

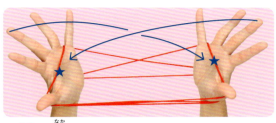

6 中ゆびのせで★をとりあう。

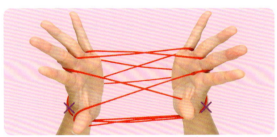

7 手くびにかかっている2本のひもをはずす。

≪ できあがり ≫

わくわくあやとり

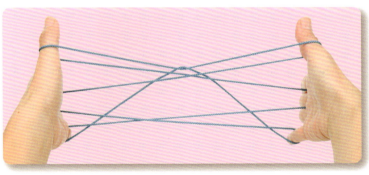

あそびかたいろいろ

うごかしてあそぼう!! さんかくのかたちを、リズミカルにうごかしてみよう!

ぱったん
おやゆびどうしをちかづけたところ。

ぱったん
小ゆびどうしをちかづけたところ。

か

かをりょう手でたたいてあそぶことができるよ。

1 おやゆびにひもをかけて、右手の手のひらをかえし、1かいまわす。

4 左手の小ゆびのはらで★のひもを2本ともとる。

2 まわしているところ。右手の手のこうと手くびにひもがかかる。

ポイント 上からゆびを入れて、小ゆびのはらでひっかけるよ。

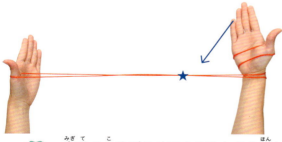

3 右手の小ゆびのせで★のひもを2本ともとる。

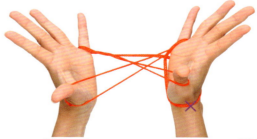

5 右手の手くびにかかっている×を、左手でつまむ。

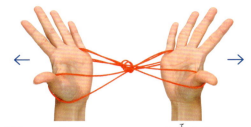

6 そのまま、右手の手くびから×をはずす。

7 はずしたところ。りょう手をよこにひろげてひもをひっぱり、まん中にむすびめをつくる。

わくわくあやとり

はずしているところ。右手のゆびをそろえて、ほかのひもがはずれないようにしよう！

≪ できあがり ≫

あそびかたいろいろ

とんでいるかをりょう手でたたいてみよう。

りょう手をぱちんとたたいて。

小ゆびのひもをはずすと……。

かをたいじしたよ!!

 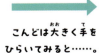 

もういちど、手をたたいて。

こんどは大きく手をひらいてみると……。

あれっ!? にげられちゃった！

ネクタイ

レベル 1 / ひも ながめ

ペットボトルやフックなどにひっかけて。あんぜんにちゅういしてね。

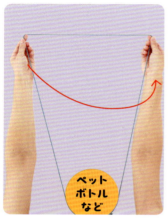

1 ペットボトルなどにひもをまいて、右に1かいひねる。

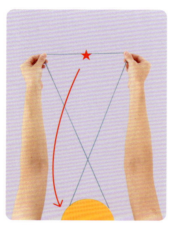

2 ★をペットボトルなどにまいて、ひもを2じゅうにする。

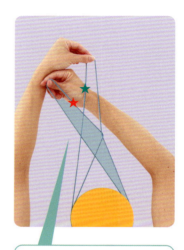

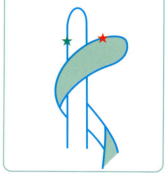

4 まきつけているところ。いったん右手をはなして★にまきつけ、もういちど右手でもちなおす。

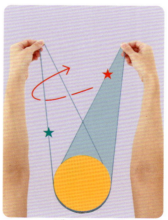

3 右手の★を左手の★に下からまきつける。

わくわくあやとり

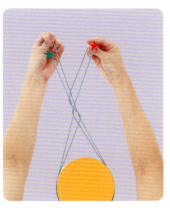

5 まきつけおわったら、左手のひも★を左手のおやゆびにかけて、右手のひも★を左手の人さしゆびにかける。

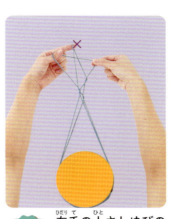

7 左手の人さしゆびのひもをはずす。

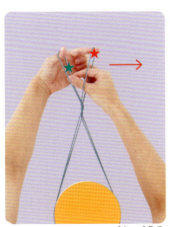

6 ★のひもの中に右手のおやゆびと人さしゆびを入れて、★をひき出す。

ポイント
❹のときにひもがねじれてしまうと、できないよ。

できあがり

WとM

レベル **1** ひも **ふつう**

手のむきをかえることで、アルファベットの W と M がつくれるよ。

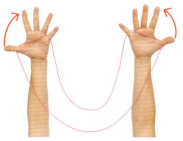

1 「きほんのかまえ」をする。おやゆびのひもを人さしゆびにいどうする。

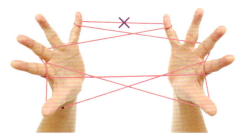

4 小ゆびのひもをはずす。

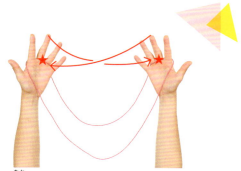

2 中ゆびのせで★をとりあう。

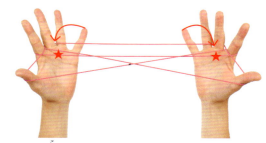

5 小ゆびのせで★をとる。

3 おやゆびのせで★をとる。

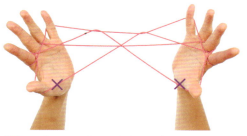

6 おやゆびのひもをはずす。

110

わくわくあやとり

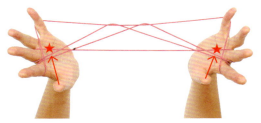
7 おやゆびのせで★をとる。

8 小ゆびのひもをはずして、ひもをはると……。

≪できあがり≫

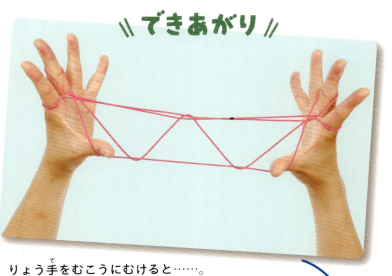

りょう手をむこうにむけると……。

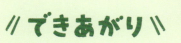
≪できあがり≫

111

レベル 1
ひも みじかめ

ゴム

びよーんとひもをのばして、自由にあそぶことができるよ。

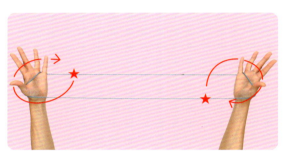

1 「きほんのかまえ」をする。★をそれぞれのおやゆびと小ゆびにかける。

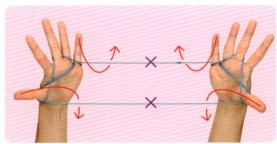

3 おやゆびと小ゆびをうちがわにたおして、✕をはずす。

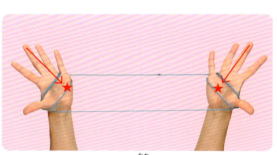

2 ★をそれぞれの中ゆびのせでとる。

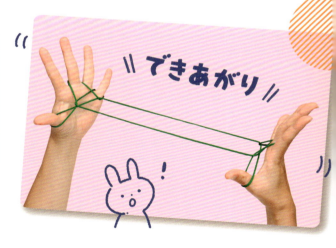

≪できあがり≫

うごかしてあそぼう!!

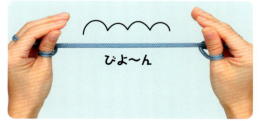

おやゆびと小ゆびをちかづけると、のびて……。

おやゆびと小ゆびをひらくと、ちぢむよ!! ひもを2じゅうにしてつくってもいいよ!

112

レベル 1
ひも みじかめ

バナナ

ぎゅっとひもをひっぱったらかんせいする、おいしそうなバナナ。

わくわくあやとり

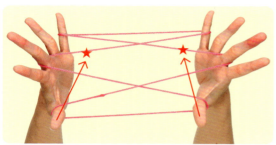

1 「中ゆびのかまえ」をする。おやゆびのせで★をとる。

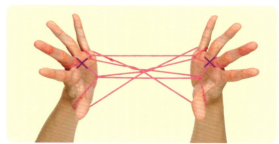

4 中ゆびにかかっているひもを、はんたいの手をつかってはずす。

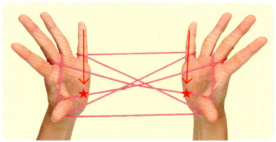

2 小ゆびのせで★をとる。

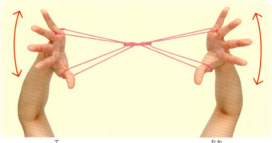

5 手をひろげてうごかし、まん中にむすびめをつくる。ひもをゆびからはずす。

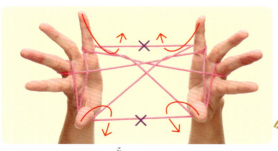

3 おやゆびと小ゆびをうちがわにたおして、×をはずす。

できあがり

113

おだいりさま

さいごに口をつかうよ。ゆびからはずすときはしんちょうに。

1 おやゆびにひもをかける。小ゆびのせで★を2本ともとる。

4 おやゆびの×のひもだけをはずす。

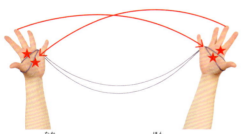

2 中ゆびのせで★を2本ともとりあう。

5 小ゆびのひもをすべてはずす。

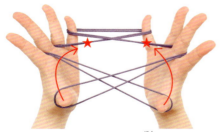

3 おやゆびのせで★を2本ともとる。

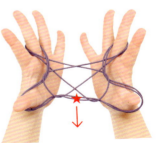

6 ★のひも1本だけを口にくわえ、すべてのゆびからひもをはずし、かたちをととのえる。

レベル 2　ひも　ふつう

おひなさま
おだいりさまとペアでつくってみよう！

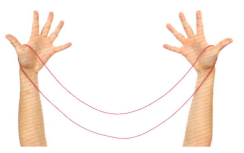

1 おやゆびにひもをかける。

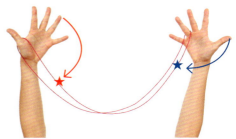

4 右手のおやゆびのせで★を、左手のくすりゆびのせで★をとる。

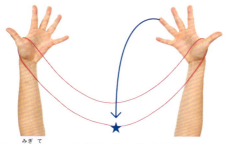

2 右手のくすりゆびのせで★をとる。

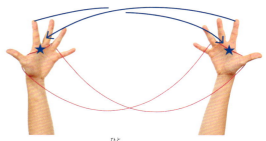

5 それぞれの人さしゆびのせで★のひもをとりあう。

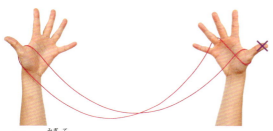

3 右手のおやゆびのひもをはずす。

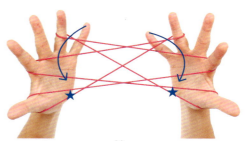

6 小ゆびのせで上から★をとる。

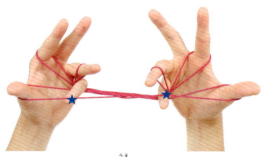

7 ほかのひもの上から★をとっているところ。

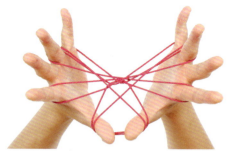

9 わの中にりょう手のおやゆびを入れてひらく。

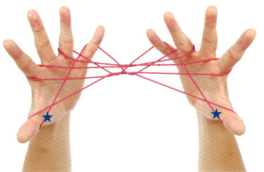

8 りょう手のおやゆびのわをひとつにする。

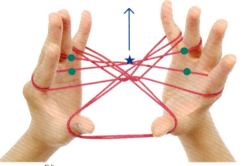

10 人さしゆび、くすりゆびの●のひものちゅうしんの★を2本とも口にくわえてひき出す。

> ポイント
> りょう手のおやゆびのわをひとつにしているところ。

11 すべてのゆびからひもをはずし、かたちをととのえる。

できあがりは115ページへ

レベル2 ひも みじかめ かご

かんせいしたかごをアレンジすれば、ブレスレットにへんしんするよ。

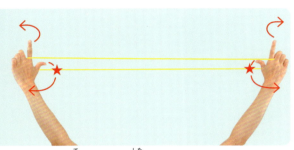

1 手のひらを下にむけて、おやゆびのつけねと人さしゆびにひもをかける。おやゆびのせで★をとり、手のひらを手まえにむける。

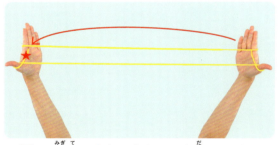

2 右手で★をつまんでひき出し、1かいひねって右手のおやゆびと人さしゆびにかける。

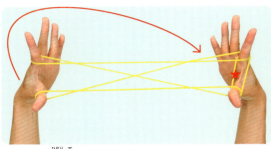

3 左手もおなじように、★をつまんでひねり、ゆびにかける。

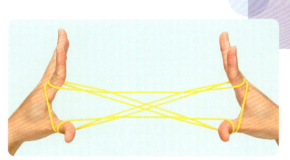

4 すべてのゆびからそっとひもをはずし、かたちがくずれないようにつくえの上におく。

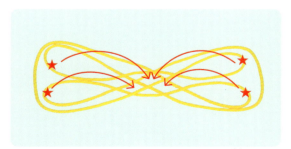

5 ★をひとつずつつまんで、まん中にむかっておりたたむようにのせる。

ポイント ひき出した★をひねって、ゆびにかけるよ。

118

わくわくあやとり

6 ★をそっともつ。

でき あがり

あそびかたいろいろ

うでをわっかにとおすとブレスレットに！ けいとでつくると、かたちがくずれにくいよ。

1 「かご」の■の中に、うでをとおす。

2 とおしているところ。

3 ブレスレットのできあがり。

でき あがり

くんしょう

レベル 2
ひも みじかめ

けいとでつくると、かたちがくずれにくいよ。むねの上にはってみよう。

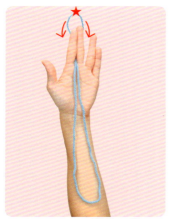

1 ひもを左手の人さしゆびと中ゆびにはさんでもつ。★を左手の人さしゆびと中ゆびにかぶせる。

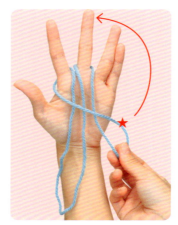

3 ねじったところ。★を左手の人さしゆびと中ゆびにかける。

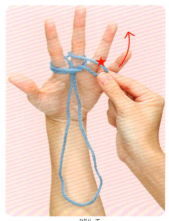

5 ★を左手のくすりゆびにかける。

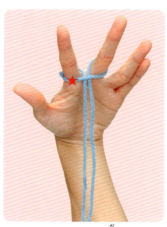

2 ★をひき出して、1かいねじる。

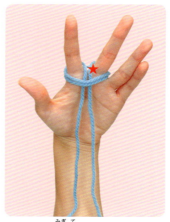

4 右手で★をつまんで、ひき出す。

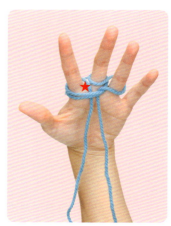

6 おなじように、★を右手でつまんでひき出し、左手のおやゆびにかける。

わくわくあやとり

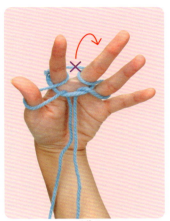

7 ×を右手でつまみ、左手の人さしゆびと中ゆびからはずす。

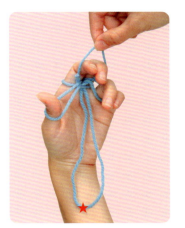

8 はずしているところ。★を、右手で下にひっぱって、かたちをととのえる。

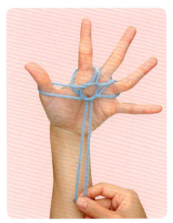

9 すべてのゆびからひもをそっとはずして、かたちがくずれないようにおく。

ポイント
いちばんおくにかかっている×だけをはずすよ！

ポイント
ひっぱりすぎるとゆびがいたいので、かるくひっぱろう。

ポイント
右手でまん中をおさえて、そっとはずそう。

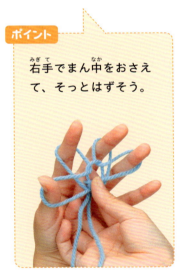

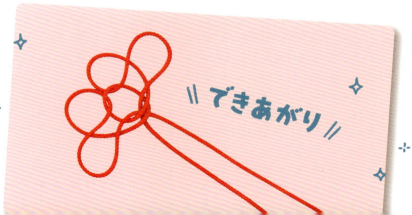

≪できあがり≫

お花とはっぱ

レベル 2
ひも ながめ

お花とはっぱをいっしょにならべて、くみあわせたらかんせいだよ。

→ お花

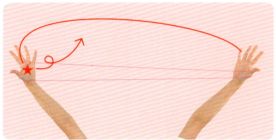

1 左手のおやゆびと小ゆび、右手のおやゆびにひもをかける。右手の小ゆびのはらで★をとってねじる。

ポイント とっているところ。小ゆびをまわして立て、ひもをゆびにかけるよ。

2 それぞれの人さしゆびのせで★をとる。

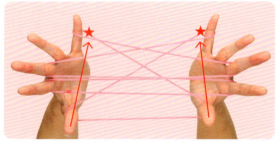

4 それぞれのおやゆびのせで★をとる。

3 中ゆびのせで★をとりあう。

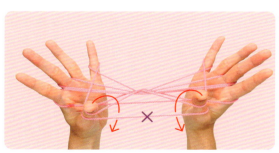

5 おやゆびをうちがわにたおして、✕のひもだけをはずす。

122

→はっぱ

1 2じゅうにしたひもを、左手のおやゆびと小ゆびにかける。右手で★をもち、ひねる。

2 しゃしんのようにひもをもって、★を■の中にひきこむ。

3 ひきこんだところ。そのまま、ひもをよこにひっぱり、むすぶ。

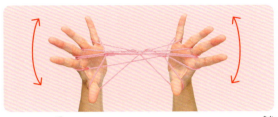

6 手をまえやうしろにうごかして、まん中にむすびめをあつめ、すべてのゆびからひもをはずす。

《できあがり》

《できあがり》

あそびかたいろいろ

お花とはっぱをくみあわせよう。

ひもを2じゅうにしたり、いろやながさをかえたり、はっぱとならべたり、いろいろなお花をつくろう。

123

サングラス

できあがったら、そうちゃくしてのぞいてみよう。にあうかな?

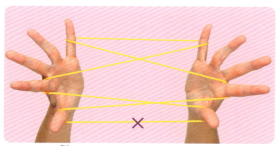

1 「人さしゆびのかまえ」をする。おやゆびのひもをはずす。

4 おやゆびのせで、★をとる。

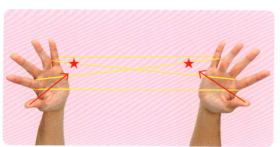

2 おやゆびのせで、★をとる。

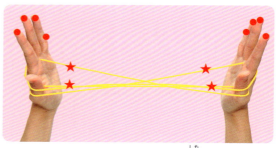

5 おやゆびにかかっている下のひもいがいのすべてのひもを、人さしゆび、中ゆび、くすりゆび、小ゆびでにぎる。

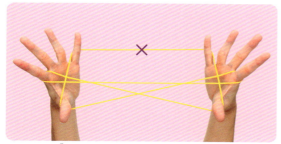

3 小ゆびのひもをはずす。

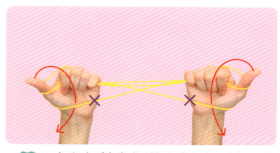

6 おやゆびをうちがわにたおして✕のひもをはずし、ゆびを立てる。

わくわくあやとり

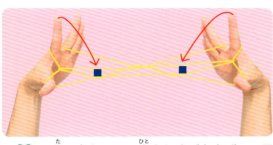

7 立てたところ。人さしゆびをまげて、■の中に入れる。

9 手のひらをむこうがわにむけて、ゆびをひらく。

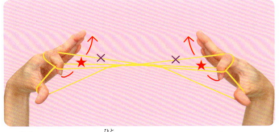

8 そのまま人さしゆびのはらで★をとる。×のひもは、しぜんにはずれる。

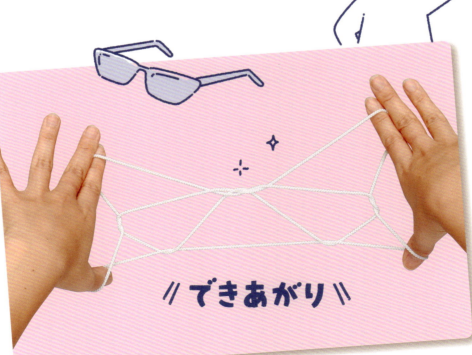

できあがり

へびの木のぼり

レベル 2 / ひも ふつう

手をへびのようにうねうねさせてあそぼう。

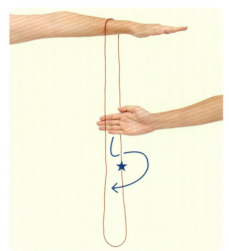

1 左手の手くびにひもをかけ、右手をわにとおし、右手で★を左がわから手まえにまわす。

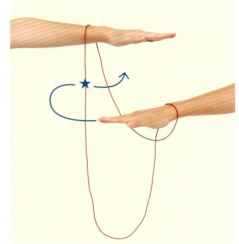

2 右手を★の左がわのおくから右の手まえにむかってわの中にとおし、わの中から右に出す。

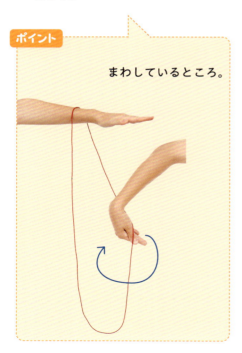

ポイント まわしているところ。

ポイント とおしているところ。

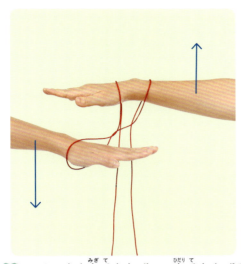

③ そのまま右手をあげて、左手をさげる。

できあがり

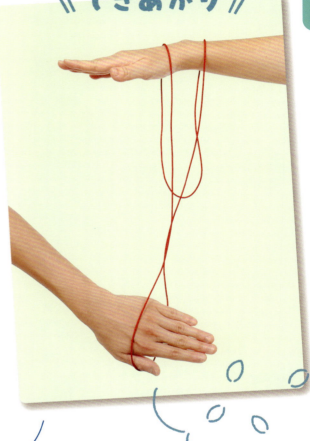

りょう手を上下にはなすと、ひもがするりとぬけていくよ！

わくわくあやとり

あおむしダンス

うにょうにょおどるあおむしのあやとりだよ。

1 りょう手のおやゆびにひもをかける。★を人さしゆびのせでとる。

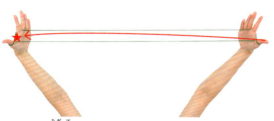

2 右手のおやゆびのせで★をとる。

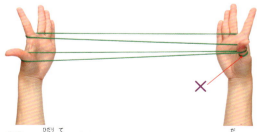

3 左手で✕のひもをつまんで、ひき出す。

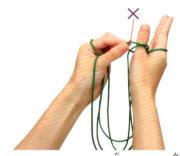

4 そのまま、ひき出した✕を右手のおやゆびからはずし、そのひもを口にくわえる。

ポイント
はずしているところ。★のひもがはずれないように気をつけて。

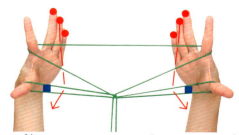

5 中ゆび、くすりゆび、小ゆびを、■の中に下から入れる。

わくわくあやとり

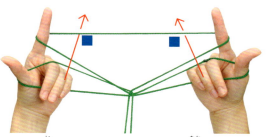

6 入れたところ。つづけて、中ゆび、くすりゆび、小ゆびをそのままのばして、■の中に入れる。

9 手をよこにひろげる。

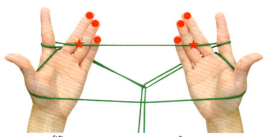

7 中ゆび、くすりゆび、小ゆびで★をにぎる。

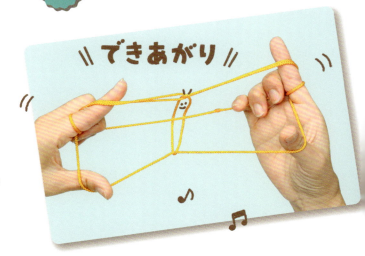

できあがり

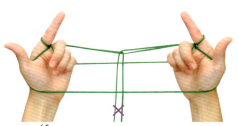

8 口にくわえたひもをはずす。

あそびかたいろいろ

うごかしてあそぼう！ おやゆびをうごかすと、あおむしがダンスをするよ。

右へうにょうにょ。
左へうにょうにょ。

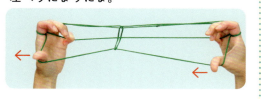

129

レベル **3** ひも ながめ

おうち

おうちをつかって、おはなしであそべるあやとりだよ。

1 「きほんのかまえ」をする。はんたいの手をつかって、右手の中ゆびに★を、左手の中ゆびに★をかける。

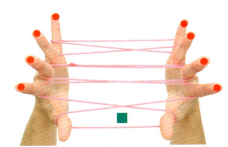

4 人さしゆび、中ゆび、くすりゆび、小ゆびを■の中に入れて、ひもをにぎる。

2 人さしゆびのせで★をとりあう。

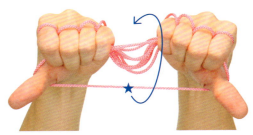

5 ★をおやゆびからはずして、くるりと手のこうへまわす。

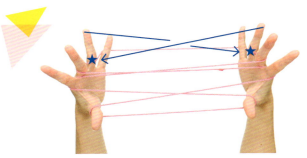

3 くすりゆびのせで★をとりあう。

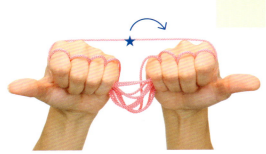

6 まわしているところ。

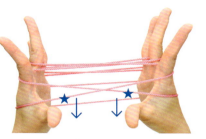

7 ★をおやゆびのはらでとり、ひもをさげる。

10 はずしているところ。ゆびをそろえて、ほかのひもがはずれないようにする。

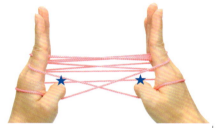

8 いちばんおくの★をおやゆびのせで下からとり、ひき出す。

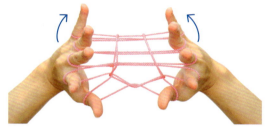

11 はずしおわったところ。ゆびさきをむこうがわにむける。

ポイント
とっているところ。おやゆびが◆にひっかからないよう気をつけよう。

9 手のこうにかかっているひもを、はんたいの手をつかってはずす。

できあがり

わくわくあやとり

あやとりであそべるものがたり

131ページの「おうち」のできあがりからはじめるよ。

1 人さしゆびのひもをはずすと……。

> あるところに、なかよしのふたりがすんでいるおうちがありました。

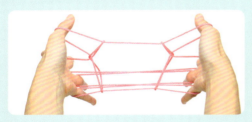

2 中ゆびのひもをはずすと……。

> ところが、ある日、たいふうがやってきて……。やねがこわれてしまいました！

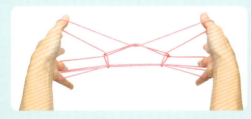

3 くすりゆびのひもをはずすとふたりがとび出してくるよ！

> でも、だいじょうぶ！ふたりはいっしょうけんめいおうちをなおして……。1かいだてのおうちができました。

4 小ゆびのひもをはずすと……。

> あたらしいおうちができて、あんしん。ふたりはなかよくお出かけすることにしました。

おしまい

れんぞく
あやとり

レベル2 ひもながめ エッフェルとう

「4だんばしご」をつかえば、あっというまにできるよ。

① 44ページ「4だんばしご」をつくる。

ポイント
「4だんばしご」がかんせいしたら、ゆびをしっかりのばしたままにしてね。

ポイント
「4だんばしご」のかたちからできるものは、ほかにもいっぱい！
135ページから137ページを見てね。

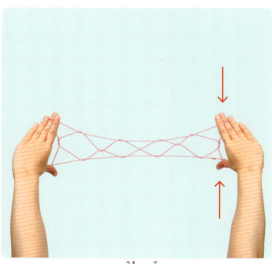

② たてにして、上の手をとじる。

≪できあがり≫

レベル **2**
ひも **ながめ**

ロケット

いつか、こんなロケットにのってみたい！

れんぞくあやとり

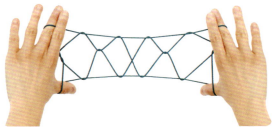

1 44ページ「4だんばしご」をつくる。

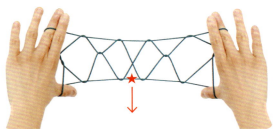

2 ★を口にくわえる。

ポイント
ゆびをたくさんうごかすと、かたちがくずれちゃうよ。

3 手をむこうがわにむける。

≪ できあがり ≫

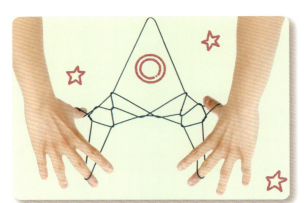

レベル2 ひもながめ

カヌー

4だんばしごをつかって友だちとあそべるよ。

 ユイ　　 ヒロ

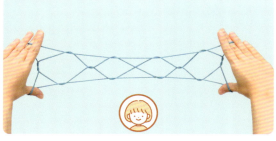

1 まず、ユイが44ページ「4だんばしご」をつくる。

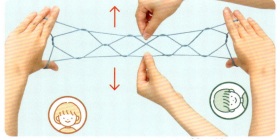

3 そのままヒロは、ひもを上と下にひっぱる。

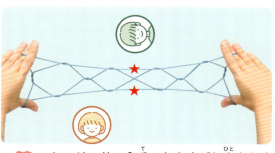

2 ヒロは、りょう手のおやゆびと人さしゆびで★をもつ。

できあがり

136

レベル **2** ひも ながめ

あみ
ゆびを入れるところをまちがえないように気をつけよう。

れんぞくあやとり

1 まず、ユイが44ページ「4だんばしご」をつくる。

4 ヒロがゆびを入れたら、ユイはひもからゆびをはずす。

2 ヒロは、下から■の中に右手のゆびを1本ずつ入れる。

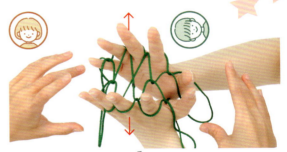

5 ヒロはりょう手をひらく。

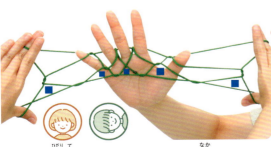

3 左手もおなじように、■の中にゆびを1本ずつ入れる。

≪できあがり≫

137

レベル 2
ひも ながめ

2本のほうき → マスク

ほうきでそうじをしたら、マスクを口にあててね。

→ 2本のほうき

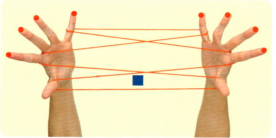

1 「人さしゆびのかまえ」をする。人さしゆび、中ゆび、くすりゆび、小ゆびを■の中に入れて、にぎる。

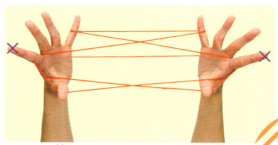

4 人さしゆびのひもをはずす。

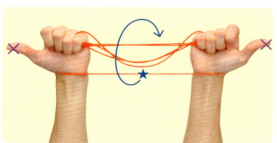

2 ★をおやゆびからはずしながら、手のこうのほうへまわす。

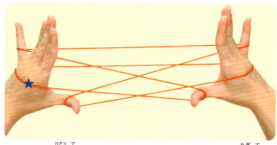

5 左手のこうにかかっている★を、右手をつかって、左手の中ゆびにかける。

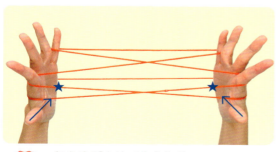

3 おやゆびのせで★をとる。

ポイント
いったん左手からはずして、中ゆびにかけるよ。

138

れんぞくあやとり

6 はんたいもおなじように、右手のこうにかかっている★を、左手をつかって、右手の中ゆびにかける。

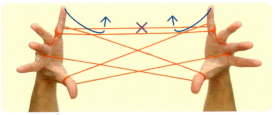

8 小ゆびをうちがわにたおして、×のひもだけをはずす。

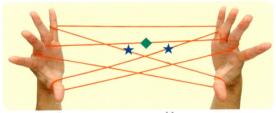

7 小ゆびのせで、◆の上から★をとる。

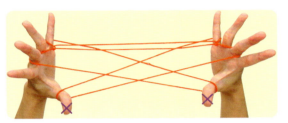

9 おやゆびのひもをはずす。

2本のほうき できあがり

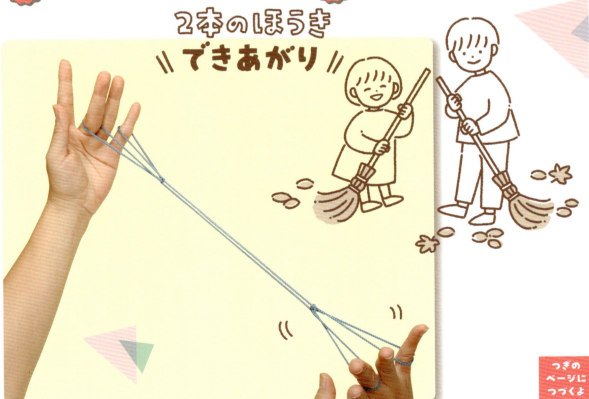

つぎのページにつづくよ

139

2本のほうき → マスク

→ マスク

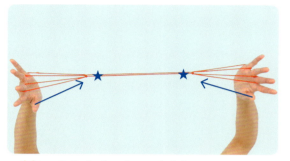

10 おやゆびのせで、★をとる。

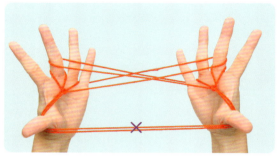

12 おやゆびのひもをすべてはずす。

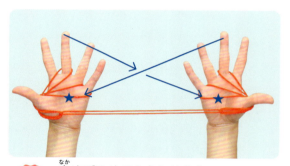

11 中ゆびのせで★をとりあう。

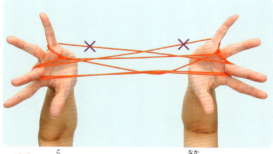

13 小ゆびのひもをはずし、中ゆびのひもをりょう手でもつ。

《マスクできあがり》

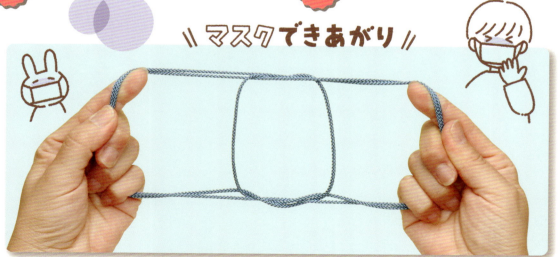

レベル **2** ひも ながめ

ほうき → 森のおうち → 大きなはさみ

ひもをたらしながらつくる、れんぞくあやとりだよ。

れんぞくあやとり

→ **ほうき**

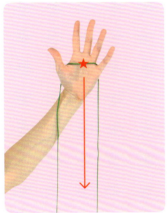

1 左手のおやゆびと小ゆびにひもをかけて、★を右手で下までひっぱる。

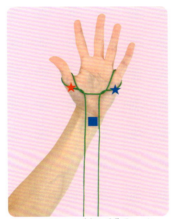

3 ■の中に右手を入れて、★におやゆびのはら、★に人さしゆびのはらをかける。

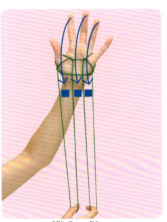

5 左手の人さしゆび、中ゆび、くすりゆびをそれぞれ■の中に入れる。

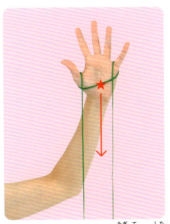

2 さらに★を右手で下にひく。

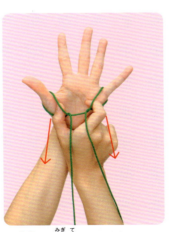

4 右手をかけたところ。そのまま右手でひもを下までひっぱる。

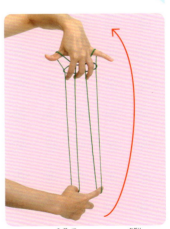

6 右手のひもを左手のこうのむこうがわにまわし、たらしておく。

つぎのページにつづくよ

141

ほうき → 森のおうち → 大きなはさみ

→ 森のおうち
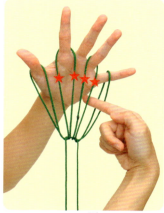

→ 大きなはさみ
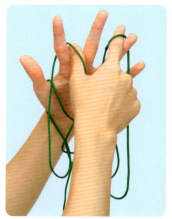

7 右手で★を下までひっぱる。

8 ★の4本のひもを、右手の人さしゆびのはらでとり、下までひっぱる。

9 うつしているところ。うつしたら、右手を下にさげる。

ほうき できあがり

森のおうち できあがり

左手の人さしゆびとくすりゆびのひもを、右手のおやゆびと人さしゆびにうつす。

大きなはさみ できあがり
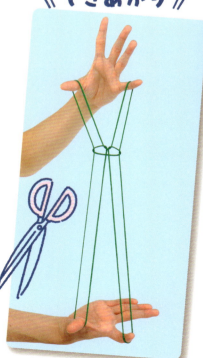

レベル3 ひも ながめ　テレビ → 花びん

テレビにかおをうつして、あそんでみよう。

→ テレビ

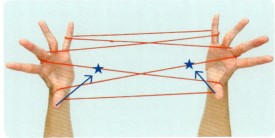

1　「中ゆびのかまえ」をする。おやゆびのせで★をとる。

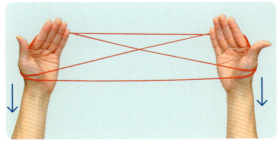

4　そのままひもを手くびまでおろす。

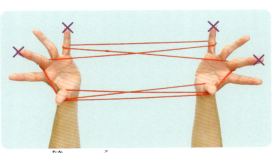

2　中ゆびと小ゆびのひもをはずす。

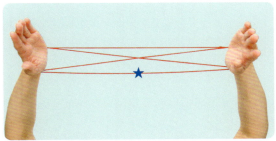

5　右手で★をつまんで、左手くびからはずす。

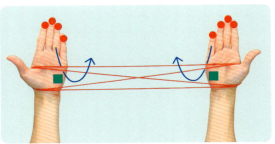

3　人さしゆび、中ゆび、くすりゆび、小ゆびを■の中に下から入れる。

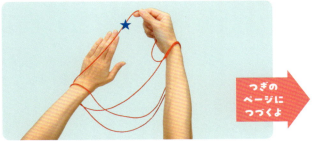

6　★を左手のおやゆびと小ゆびにかける。

つぎのページにつづくよ

れんぞくあやとり

143

テレビ → 花びん

→ テレビ

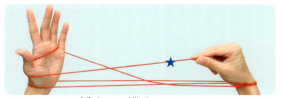

7 ★を右手から左手にもちかえる。

10 おやゆびのせで★をとる。

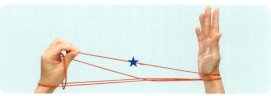

8 右手の手くびから★をはずし、右手のおやゆびと小ゆびにかける。

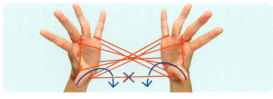

11 おやゆびをうちがわにたおして、✕のひもだけをはずす。

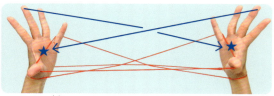

9 中ゆびのせで★をとりあう。

12 小ゆびのひもをはずす。

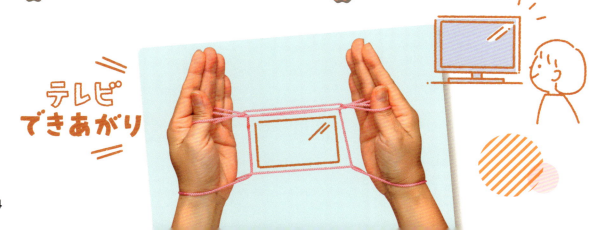

テレビ できあがり

→花びん

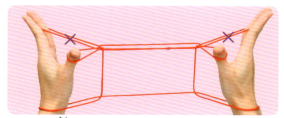

13 中ゆびのひもをはずす。

14 小ゆびのせで★をとる。

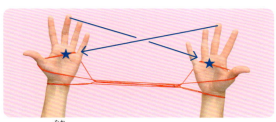

15 中ゆびのせで★をとりあう。

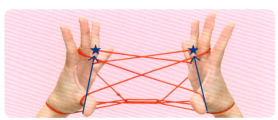

16 おやゆびのせで★をとる。

17 おやゆびにかかっている2本のひものうち、下のひもだけをはんたいの手をつかってはずす。

ポイント

はずしているところ。◆のひもがはずれないように気をつけてね。

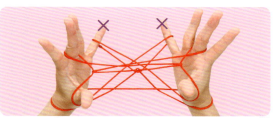

18 小ゆびのひもをはずして、ゆびさきを上にむける。

花びん できあがり

れんぞくあやとり

レベル3 ひも ふつう とんび→ヘリコプター

足もつかうれんぞくあやとりだよ。

→とんび

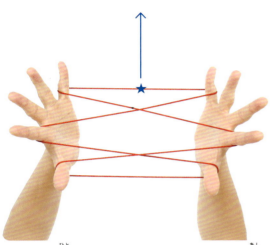

1 「人さしゆびのかまえ」をする。★を足でひっぱる。

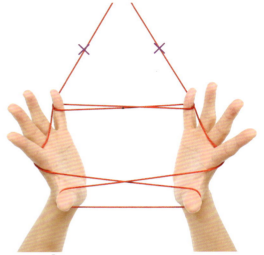

3 小ゆびをうちがわにたおして、✕のひもをはずす。

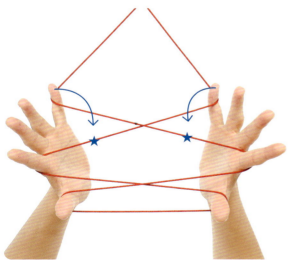

2 小ゆびのせで★をとる。

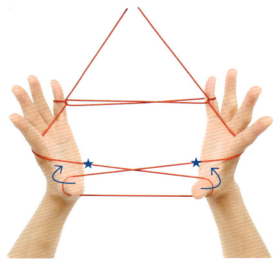

4 おやゆびのせで★をとる。

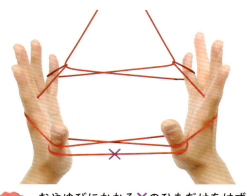

5 おやゆびにかかる×のひもだけをはずす。

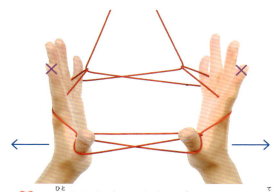

6 人さしゆびのひもをはずして、りょう手をひろげる。

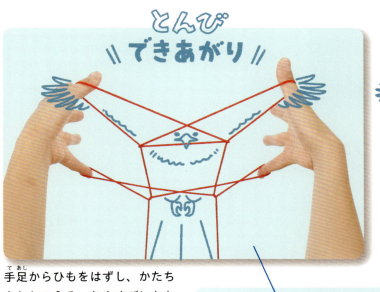

とんび できあがり

手足からひもをはずし、かたちをととのえる。おやゆびにかかっていたひもをプロペラにすると……。

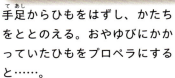

ヘリコプター できあがり

ちょうちょ → さんみゃく → ねこ

レベル 3　ひもながめ

ちょうちょをつくるときは、そっとひもをはずしてね。

→ ちょうちょ

1 左手のおやゆびと、小ゆび、右手のおやゆびにひもをかける。右手の小ゆびのはらで、★を上からとってねじる。

ポイント 小ゆびのはらで★をひいて、ひもをねじってゆびを立てるよ。

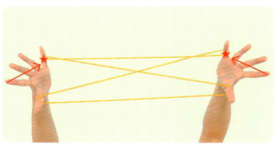

2 人さしゆびのせでそれぞれ★をとる。

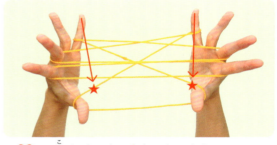

4 小ゆびのせで★をそれぞれとる。

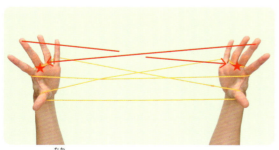

3 中ゆびのせで★をとりあう。

ポイント ほかのひもをにぎるようにして、小ゆびのせで★をとるよ。

れんぞくあやとり

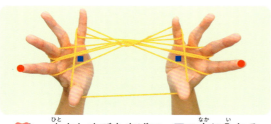

5 人さしゆびをまげて、■の中に入れる。

7 ゆびさきをむこうがわにむける。

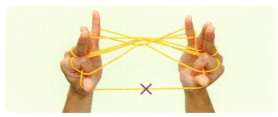

6 おやゆびのひもをはずす。

8 人さしゆびをまっすぐにのばす。人さしゆびにかかっていたひもは、しぜんにはずれる。

ちょうちょ できあがり

つぎのページにつづくよ

149

ちょうちょ → さんみゃく → ねこ

→ さんみゃく

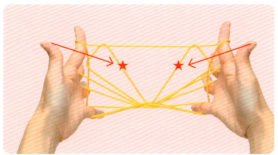

9 おやゆびのせで、★をとる。

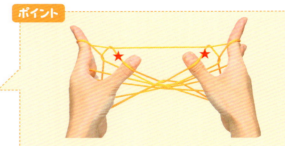

ポイント
とっているところ。とったあと、手くびを立てて、ゆびさきをしっかり上にむけておくと、つぎがつづけやすいよ。

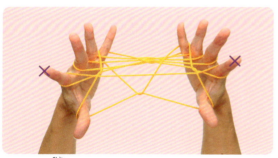

10 人さしゆびにかかっているひもを、はんたいの手ではずす。

ポイント
はずしているところ。おやゆびのひもがはずれないように気をつけてね。

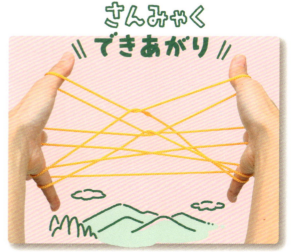

さんみゃく できあがり

11 はずしたところ。りょう手をひろげてひもをぴんとはり、ゆびさきをむこうがわにむける。

→ねこ

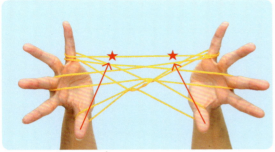

12 手くびを立てて、おやゆびのせで★をとる。

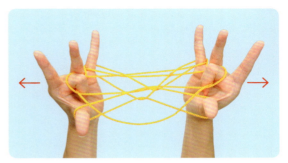

15 はずしたところ。ゆるんだひもを、ぴんとはる。

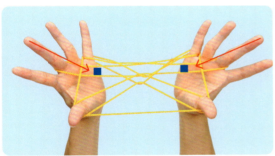

13 中ゆびをまげて、■の中に入れる。

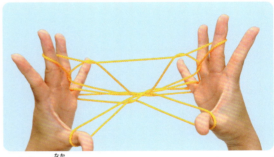

16 中ゆびのせにかかっているひもは、しぜんにはずれる。手のひらをひろげる。

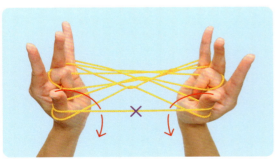

14 おやゆびをうちがわにたおして、×のひもだけをはずす。

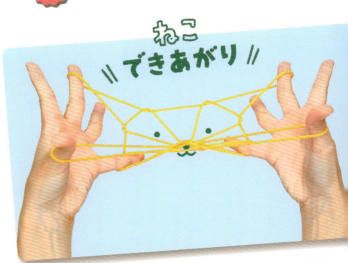

ねこ できあがり

レベル3 ひもみじかめ おちゃわん → エプロン → まめでんきゅう → じょうぎ

ひもをよこにのばすだけで、たくさんへんかするあやとりだよ。

→ おちゃわん

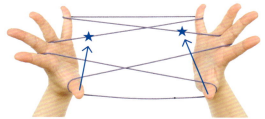

1 「中ゆびのかまえ」をする。おやゆびのせで★をとる。

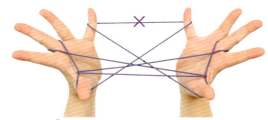

3 小ゆびのひもをはずす。

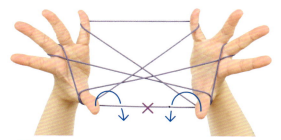

2 おやゆびをうちがわにたおして、×のひもだけをはずす。

4 ゆびさきをむこうがわにむける。

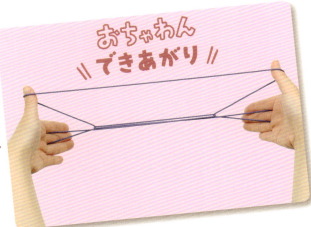

おちゃわん できあがり

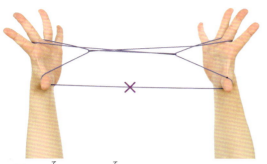

5 手のひらを手まえにむけて、おやゆびのひもをそっとはずす。

エプロン できあがり

まめでんきゅう できあがり

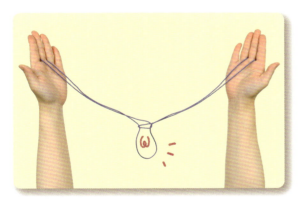

左右の手をゆっくりはなしていくと、かたちがかわるよ！

じょうぎ できあがり

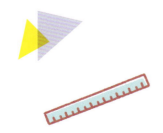

れんぞくあやとり

レベル3 ひもながめ

てっきょう→かめ→ゴム→ひこうき→ぶしょう→ネクタイ

6このわざがつづくれんぞくあやとり。さいごは、かっこよくはずそう。

→てっきょう

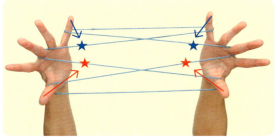

1 「中ゆびのかまえ」をする。おやゆびのせで★をとり、小ゆびのせで★をとる。

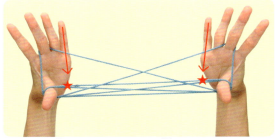

4 小ゆびのせで★を2本ともとる。

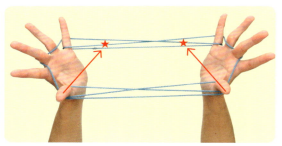

2 おやゆびのせで★をとる。

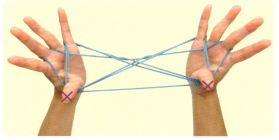

5 おやゆびのひもをすべてはずす。

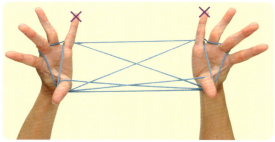

3 小ゆびのひもをすべてはずす。

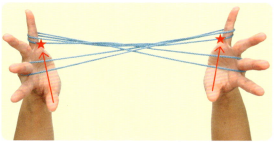

6 おやゆびのせで★を2本ともとる。

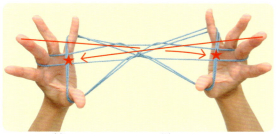

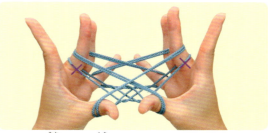

れんぞくあやとり

7 中ゆびのせで★を2本ともとりあう。

8 中ゆびの下にかかっている✗を、はんたいの手をつかってはずす。

ポイント
上の2本のひもがはずれないように気をつけて。

てっきょう
できあがり

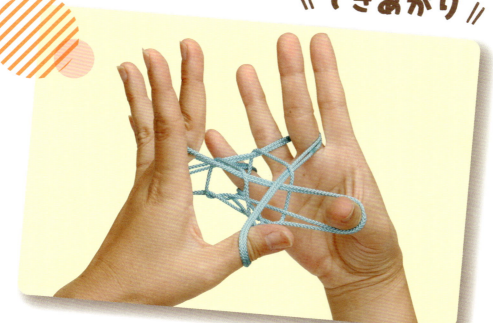

つぎのページにつづくよ

155

てっきょう→**かめ**→**ゴム**→**ひこうき**→
ぶしょう→ネクタイ

→かめ

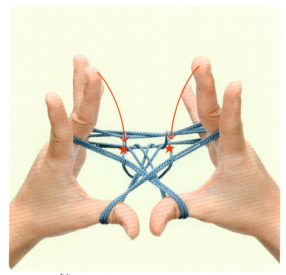

9 中ゆびをまげて、ゆびのはらで★をおさえる。

かめ できあがり

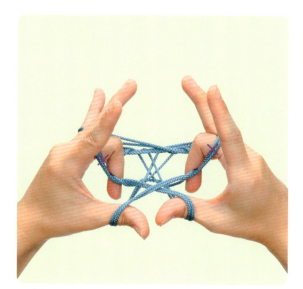

10 ×はしぜんにはずれる。

→ゴム

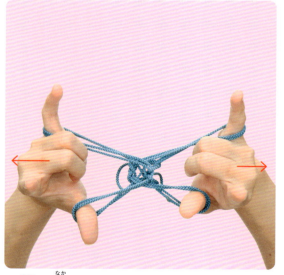

11 中ゆびのひもをはずして、ゆっくりとりょう手をひろげる。

156

→ひこうき

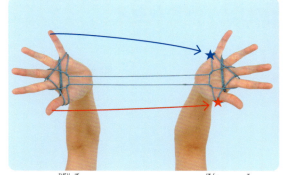

12 人さしゆびと中ゆびを■の中に入れ、★から出す。

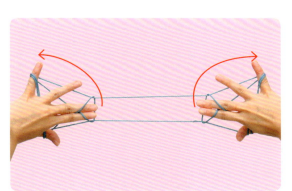

14 左手のおやゆびのせで★2本を、小ゆびのせで☆2本をとり、右手からはずす。

13 そのままゆびを出して、手くびをおこす。

ポイント
右手のおやゆびと小ゆびのひもをはずそう。

ゴム できあがり

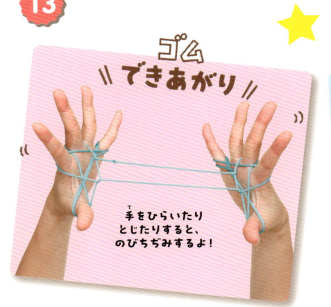

手をひらいたりとじたりすると、のびちぢみするよ！

ひこうき できあがり

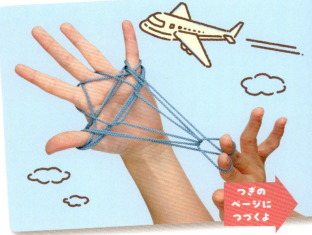

つぎのページにつづくよ

れんぞくあやとり

157

てっきょう→かめ→ゴム→ひこうき→
ぶしょう→ネクタイ

→ぶしょう

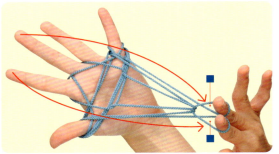

15 左手の人さしゆびと中ゆびを■の中に入れる。

→ネクタイ

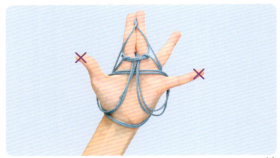

17 おやゆびと小ゆびのひもをはずして、下にたらす。

16 右手の人さしゆびと中ゆびのひもをはずす。

ネクタイできあがり

ぶしょうできあがり

あそびかたいろいろ

さいごは、かっこよくはずそう。

右手で★をひっぱると……。

するっとはずれるよ！

レベル **3** / ひも **ながめ**

くり → すべりだい → かめ → やっこだこ

やっこだこができたら、空をとんでいるように手をうごかしてみよう！

→ **くり**

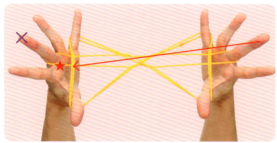

1 155ページの７のかたちをつくる。右手の中ゆびのせで★をとり、左手の中ゆびからはずす。

ポイント

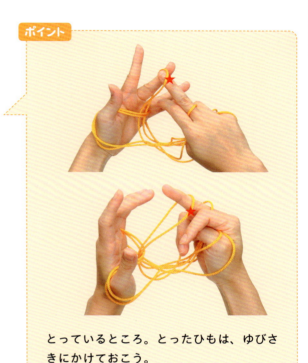

とっているところ。とったひもは、ゆびさきにかけておこう。

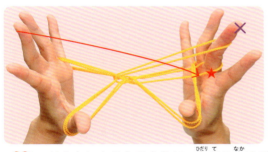

2 はんたいもおなじように、左手の中ゆびのせで★をとり、右手の中ゆびからはずす。

《 くり できあがり 》

つぎのページにつづくよ

れんぞくあやとり

159

くり → **すべりだい** → **かめ** → やっこだこ

→すべりだい

3 左手の中ゆびのひもをはずす。

→かめ

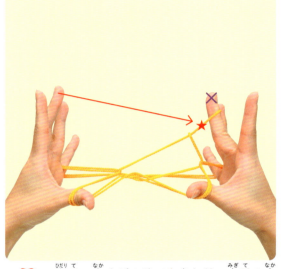

4 左手の中ゆびのせで★をとり、右手の中ゆびからはずす。

≫すべりだい≪
できあがり

≫かめ≪
できあがり

→ やっこだこ

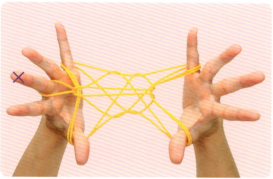

5 左手の中ゆびのひもをはずす。

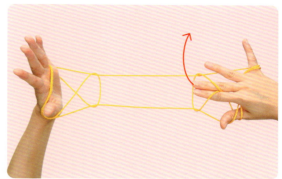

8 そのまま右手の人さしゆびと中ゆびを立てる。

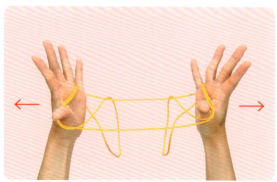

6 りょう手をよこにひろげて、ゆるんだひもをはる。

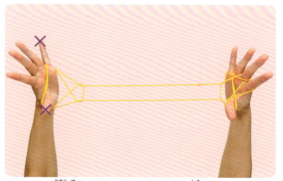

9 左手のひもをはずして、下にたらす。

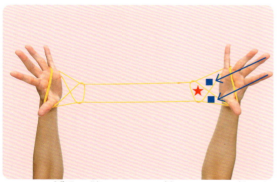

7 右手の人さしゆびと中ゆびを■の中に入れて、★から出す。

やっこだこ できあがり

れんぞくあやとり

レベル 3 / ひもながめ

ひと山→ふた山→み山→よ山

やまがひとつずつふえていくれんぞくあやとりだよ。

→ ひと山

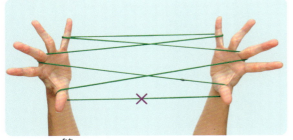

1 「中ゆびのかまえ」をする。おやゆびのひもをはずす。

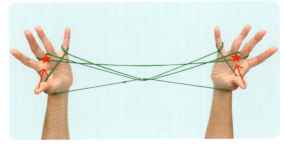

4 おやゆびのはらで★をおさえる。

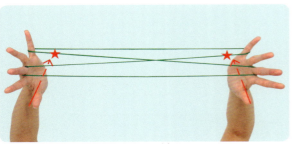

2 おやゆびのはらで、下から★をおさえる。

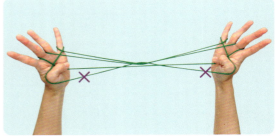

5 おさえたところ。そのまま✕をはずして、手のひらをむこうにむける。

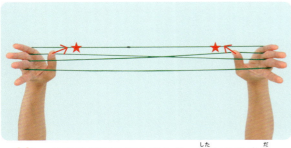

3 おやゆびのせで★をとり、下からひき出す。

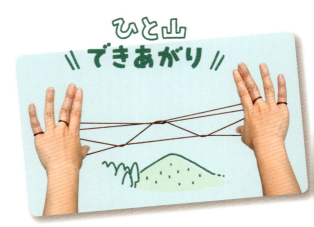

ひと山 できあがり

162

→ふた山

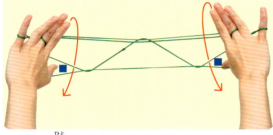

6 人さしゆびをまげて、むこうがわから■に入れる。

→み山

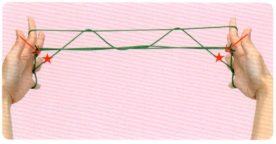

8 おやゆびのせで、むこうがわから★をとる。

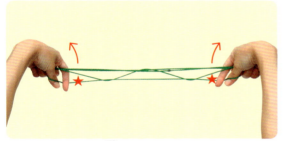

7 そのまま人さしゆびのせで★をとり、おやゆびからはずす。

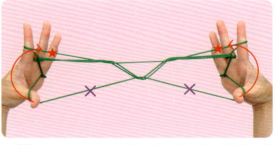

9 おやゆびのはらで★をおさえて✕をはずし、ゆびさきをむこうへむける。

ふた山 できあがり

み山 できあがり

つぎのページにつづくよ

ひと山 → ふた山 → み山 → よ山

→ よ山

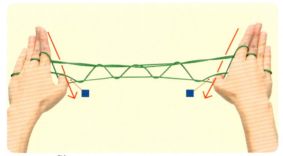

10 人さしゆびをまげて、むこうがわから■の中に入れる。

12 おやゆびのはらで★を下にさげる。

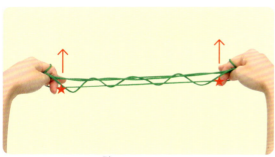

11 そのまま人さしゆびのせで★をとり、おやゆびからはずす。

よ山 できあがり

レベル 3 ひもながめ

ゆりかご→たんぼ→川→たんぼ→ダイヤ→つづみ→ふね→つりばし

8つもつづくれんぞくわざ。さいごまでできるかな？

→ れんぞくあやとり

→ ゆりかご

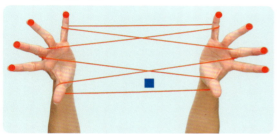

1 「中ゆびのかまえ」をする。人さしゆび、中ゆび、くすりゆび、小ゆびを■の中に入れて、ひもをにぎる。

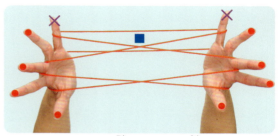

3 おやゆび、人さしゆび、中ゆび、くすりゆびを■の中に入れる。小ゆびのひもはしぜんとはずれる。

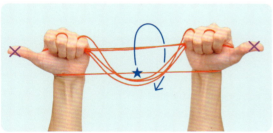

2 ★のひもをおやゆびからはずして、くるりとむこうがわにまわし、手くびまでおろす。

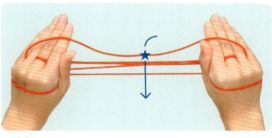

4 ★のひもをくるりとこちらがわにまわし、手くびまでおろす。ゆびさきを下にむける。

つぎのページにつづくよ

ゆりかご できあがり

165

ゆりかご→たんぼ→川→たんぼ→
ダイヤ→つづみ→ふね→つりばし

→たんぼ

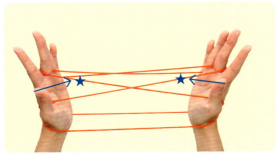

5 おやゆびのせで★をとる。

→川

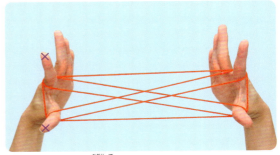

7 ひもを左手からはずす。

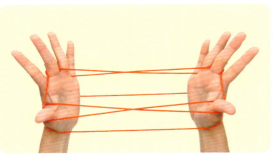

6 おやゆびと人さしゆびいがいのひもをはずす。はずしたひもは、人さしゆびにかかる。

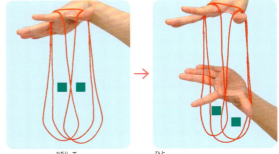

8 左手のおやゆびと人さしゆびを、むこうがわから■に入れる。

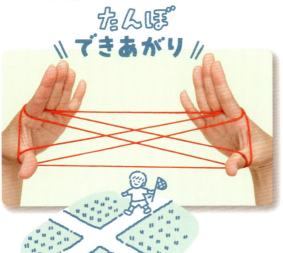

たんぼ
できあがり

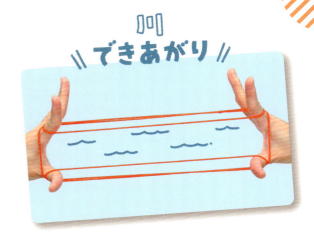

川
できあがり

→ **たんぼ**

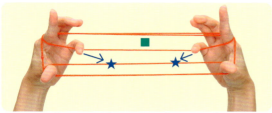

9 小ゆびを下から■に入れて、小ゆびのせで★をとる。

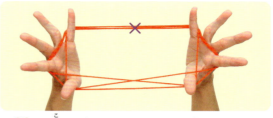

13 小ゆびのひもをすべてはずす。

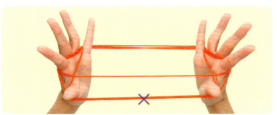

10 おやゆびのひもをすべてはずす。

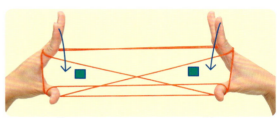

14 人さしゆびをまげて、■の中に入れる。

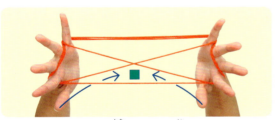

11 おやゆびを下から■に入れる。

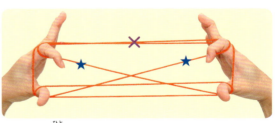

15 人さしゆびをまげて、★をゆびのはらでとったまま、✕のひもを2本ともはずす。

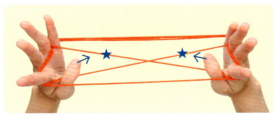

12 おやゆびのせで★をとる。

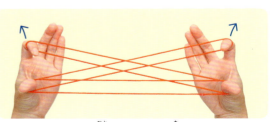

16 そのまま人さしゆびを立てる。

れんぞくあやとり

ゆりかご→たんぼ→川→たんぼ→
ダイヤ→つづみ→ふね→つりばし

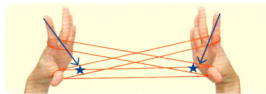

17 人さしゆびのせで★をとる。

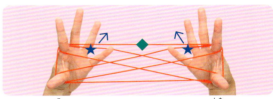

19 小ゆびのせで★をとり、◆の下にとおして★をひき出す。

たんぼ
≪できあがり≫

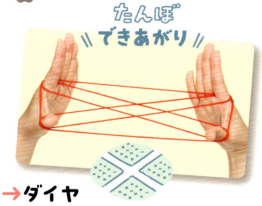

→ダイヤ

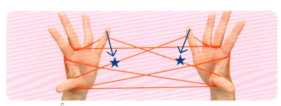

20 小ゆびのせで★をとる。

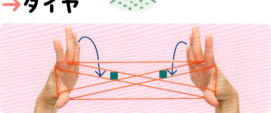

18 小ゆびを下から■の中に入れる。

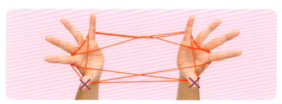

21 おやゆびのひもをすべてはずす。

≪ダイヤできあがり≫

→ つづみ

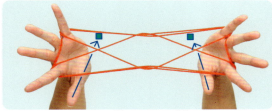

22 おやゆびを下から■の中に入れる。

> **ポイント**
> 入れたところ。

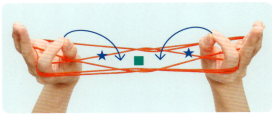

23 おやゆびと人さしゆびをくっつけて■の中に入れて、おやゆびのせで★をとる。

> **ポイント**
> かかっているひもがはずれたり、ちがうひもをとったりしないように気をつけよう。

24 とっているところ。そのままゆびさきを手まえにむけて、手をひらく。

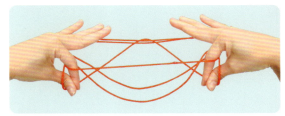

25 小ゆびのひもをすべてはずし、ひもをそっとたるませる。

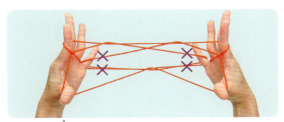

> **ポイント**
> はずしたひもがからまっていたら、ゆびにかかったひもをひっぱらないように気をつけながら、ひもをほどこう。

れんぞくあやとり

つぎのページにつづくよ

169

ゆりかご→たんぼ→川→たんぼ→
ダイヤ→つづみ→ふね→つりばし

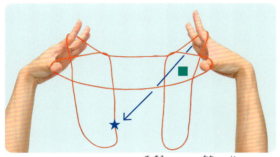

26 むこうがわから手前に■の中に入れながら、★を右手の小ゆびのはらでとる。

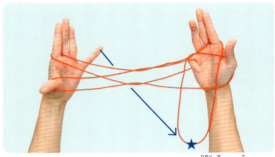

27 はんたいもおなじように、左手の小ゆびのはらで★をとる。

ポイント
■の中に入れたところ。

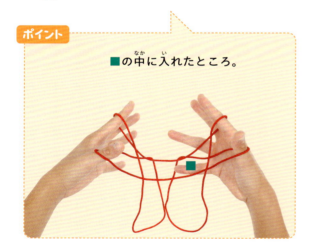

ポイント
ひもがはずれないように気をつけよう。

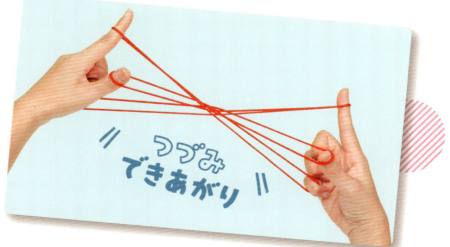

つづみ
できあがり

→ふね

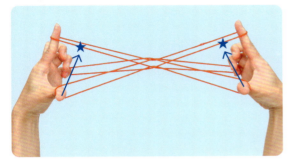

28 おやゆびのせで★をとる。

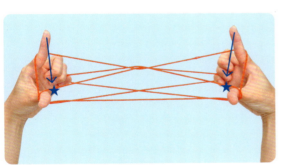

29 人さしゆびのせで★をとる。

ふね できあがり

→つりばし

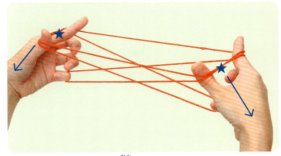

30 おやゆびと人さしゆびにかかっている2本のひもを、手くびまでおろす。

ポイント
はんたいの手をつかっておろしてもいいよ。

つりばし できあがり

れんぞくあやとり

→ **さいしょにもどる**

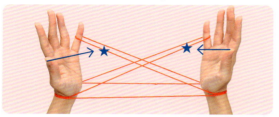

31 おやゆびのせで★をとる。

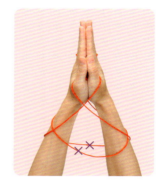

34 ゆびをしっかりとじて、ゆびさきを下にむけ、×を手からはずす。

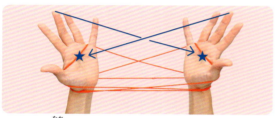

32 中ゆびのせで★をとりあう。

35 ×がかんぜんに手からはずれたら、ゆびをとじたまま、ゆびさきを上にもどす。

33 ゆびにひもをしっかりかけて、手のひらをあわせる。

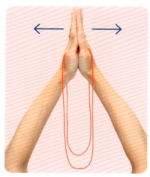

36 りょう手をひろげる。

さいしょのかまえ
できあがり

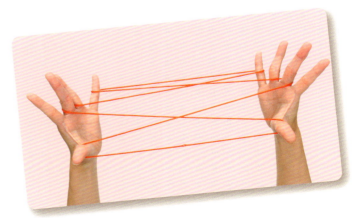

172

ふしぎ
あやとり

ねずみゆびぬき

レベル **1** / ひも **ながめ**

スルスルと手からひもがぬけていく、ふしぎなあやとりだよ。

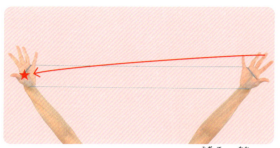

1 「きほんのかまえ」をする。右手の中ゆびのせで★をとる。

ポイント
①〜②で「中ゆびのかまえ」ができるよ。どちらの中ゆびからとるか、ちゅういしてね。さきにとったほうの手で、ひもをとっていくよ。ぎゃくにすると、しっぱいしてしまうから、気をつけて！

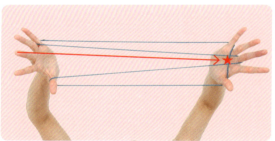

2 左手の中ゆびのせで★をとる。

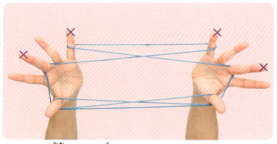

4 中ゆびと小ゆびのひもをはずす。

3 おやゆびのせで★をとる。

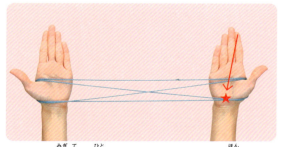

5 右手の人さしゆびのせで★を2本ともとる。

ふしぎあやとり

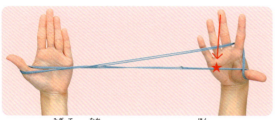

6 右手の中ゆびのせで★を2本ともとる。

左手で★をひっぱる。

7 右手のくすりゆびのせで★を2本ともとる。

ひもをひっぱっているところ。

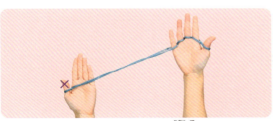

8 右手の小ゆびのせで★を2本ともとる。

ねずみゆびぬき
できあがり

9 とりおわったかたち。左手のおやゆびのひもをはずして、たらす。右手のひらをむこうにむける。

175

レベル 1　ひもながめ

てじょうはずし

ふたりであそべるふしぎなあやとり。ものにひっかけてもあそべるよ。

ユイ　　ヒロ

1 まず、ユイがヒロの手くびに、ひもをかける。

ポイント ほかの人の手をかりて、やってみよう！

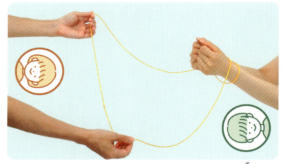

3 そのままユイは、じぶんのりょう手のおやゆびと小ゆびに、ひもをかける。

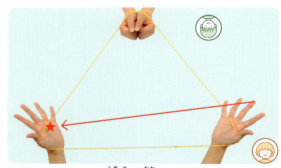

4 ユイは、右手の中ゆびで★をとる。

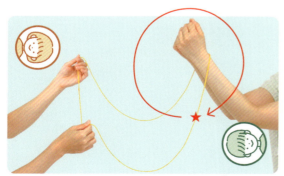

2 ユイは、★をもって、ヒロの手くびに1かいまきつける。

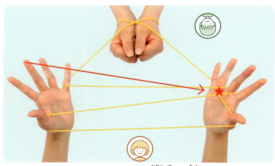

5 ユイは、じぶんの左手の中ゆびで★をとる。

176

ふしぎあやとり

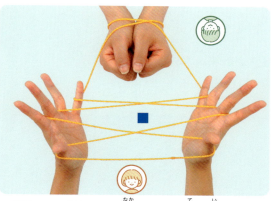

6 ユイは、■の中にヒロの手を入れる。

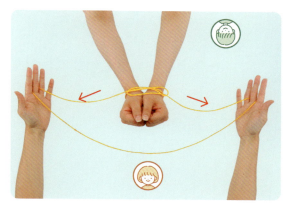

ユイがひもをよこにひくと……。

7 ユイは、じぶんの中ゆびいがいのひもをはずす。

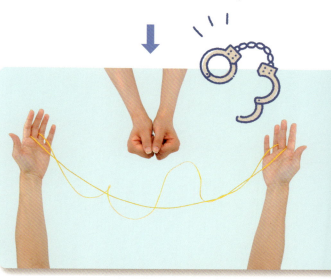

てじょうはずし
できあがり

あそびかたいろいろ

ほかの人の手のかわりに、ペットボトルなどをおいてもできるよ！

177

ひもうつし

レベル 1 / **ひも ながめ**

おやゆびと人さしゆびに、ひもをいききさせるよ！

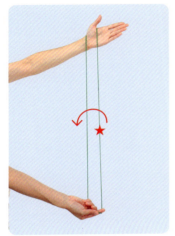

1 左手のおやゆびにひもをかけ、やじるしのほうこうに★をひねる。

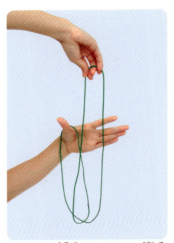

3 右手のひもを、左手のおやゆびと人さしゆびのあいだにとおす。

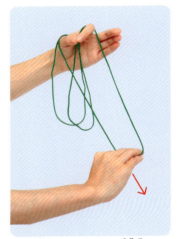

5 そのまま、右手でひもを下にひくと……。

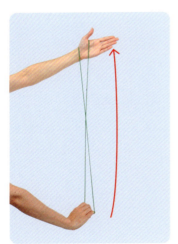

2 右手のひもをもちあげる。

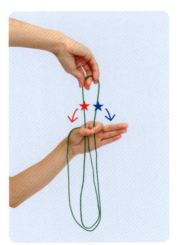

4 ★を左手のおやゆびのせにかけ、★を左手の人さしゆびのせにかける。

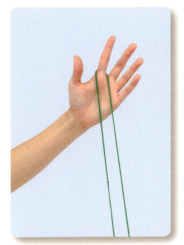

ひもうつし できあがり

ふしぎあやとり

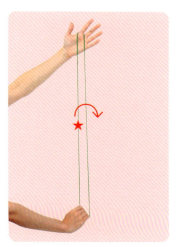

6 つづいて、ひもをやじるしのほうこうにひねる。

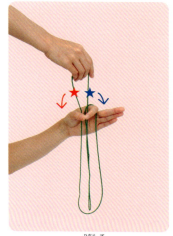

8 ★を左手のおやゆびのせ、★を左手の人さしゆびのせにかける。

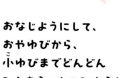

おなじようにして、おやゆびから、小ゆびまでどんどんひもをうつしてみよう！

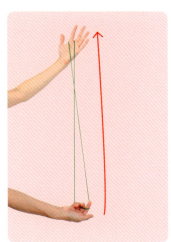

7 右手のひもをもあげて、左手のおやゆびと人さしゆびのあいだにとおす。

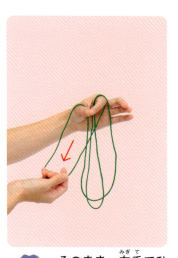

9 そのまま、右手でひもを下にひくと……。

ひもうつしできあがり

179

レベル 2
ひも ふつう

やりなげ

右や左、すきなほうこうにやりをなげられるよ。

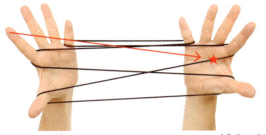

1 「人さしゆびのかまえ」をする。右手の人さしゆびにかかるひもをはずし、左手の人さしゆびにかける。

> **ポイント**
> かけているところ。かけたひもはゆるめたままにする。

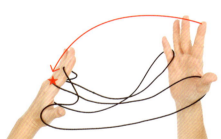

2 右手の人さしゆびのせで、左手の人さしゆびのねもとにかかったひもをとる。

> **ポイント**
> ❶でとってゆるめたままのひもの上からとる。

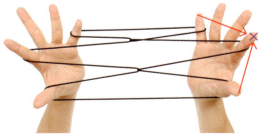

3 右手の人さしゆびのひもをはずし、右手のおやゆびと小ゆびをちかづける。

180

やりなげ
できあがり

ふしぎあやとり

あそびかたいろいろ

やりを右や左のすきなむきにうごかそう。

 →

右手の人さしゆびのせで左手の★をとり、
左手の人さしゆびからひもをはずす。

左むきに！

 →

左手の人さしゆびのせで右手の★をとり、
右手の人さしゆびからひもをはずす。

右むきに！

レベル2 ひも ふつう にげたさかな

あみでつかまえたさかながいなくなっちゃったよ。

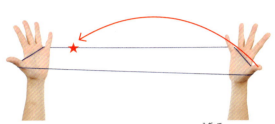

1 「きほんのかまえ」をする。右手のおやゆびのせで、★をむこうがわからとる。

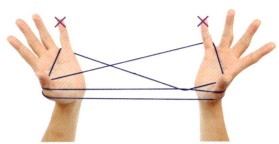

3 小ゆびのひもをはずす。

ポイント

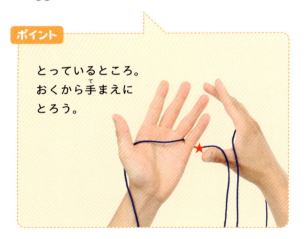

とっているところ。おくから手まえにとろう。

4 ■の中に下から小ゆびを入れ、りょう手をひろげる。

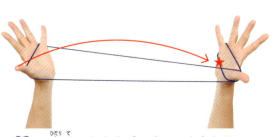

2 左手のおやゆびのせで、★をとる。

ポイント

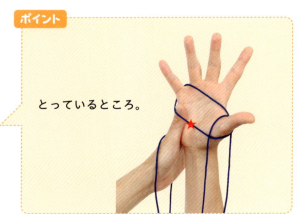

とっているところ。

182

ふしぎあやとり

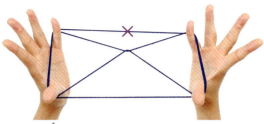

5 小ゆびをうちがわにたおして、✕のひもだけはずす。

7 人さしゆびを◆の上から★の下に入れ、★を手まえにまきとるようにとる。

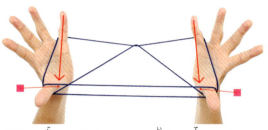

6 小ゆびをまげて■に入れ、手のひらにつけながら、手をむこうがわにむける。

ポイント

★の下に入れているところ。

ポイント

小ゆびを■に入れているところ。

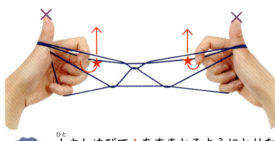

8 人さしゆびで★をまきとるようにとりながら、おやゆびのひもをはずす。

ポイント

人さしゆびをむこうがわにむけよう。

つぎのページにつづくよ

183

にげたさかな

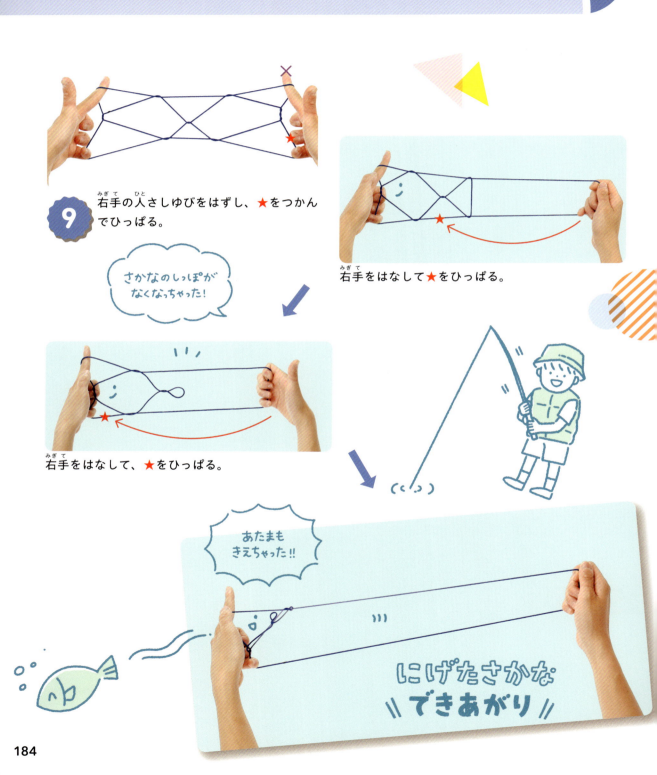

レベル 2 はしご車

ひも ふつう

友だちにひっぱってもらうと、はしごがのびるよ。

ふしぎあやとり

1

「きほんのかまえ」をする。★をそれぞれ、おやゆびと小ゆびにかける。

ポイント

かけているところ。

2

おやゆびに★のひもをまく。

ポイント

まいているところ。

3

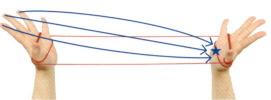

左手の人さしゆび、中ゆび、くすりゆびのせで★をとる。

4

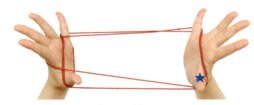

★をひき出し、友だちにもってもらう。

はしご車 できあがり

185

くるくるゆびぬき

レベル2 ひもながめ

ゆびからひもがぬけるあやとり。どのひもをとるのか、気をつけて。

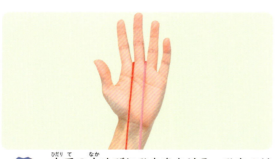

1 左手の中ゆびにひもをかける。ひものはしを右手でもつ。

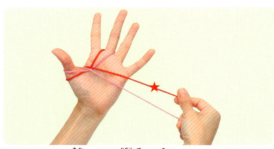

3 ★（赤）を、左手の小ゆびにかける。

> **ポイント**
> 上になるひもと、下になるひもをまちがえないように、しゃしんでは2色のひもをつかっているよ。

4 かけたところ。上に★（赤）、下に★（ピンク）がくるように、ひもをこうささせてもつ。

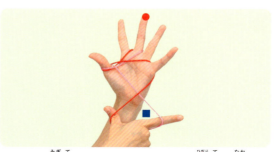

2 くすりゆびがわのひも★（ピンク）が上になるようにして、2本のひもを左手のおやゆびにまく。

5 右手のひもをもちあげて、左手の中ゆびを■の中に入れる。

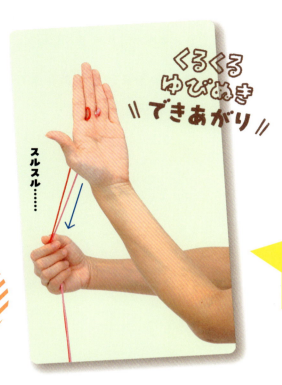

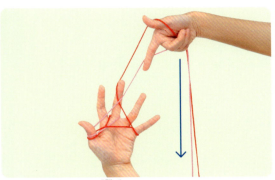

6 そのまま左手のこうにひもをたらして、右手をはなす。

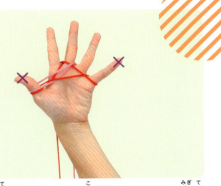

7 左手のおやゆびと小ゆびのひもを、右手をつかってはずす。

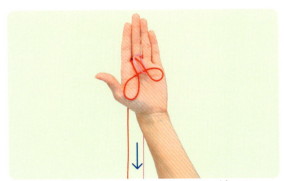

8 手のこうにたらしたひもを、下にそっとひっぱると……。

レベル **2**
ひも ながめ

5本ゆびぬき

ゆびにかかるひもがスルスル……。みんなびっくり、てじなあやとり。

1 しゃしんのように、左手にひもをかけて、おやゆびを立てる。

4 ねじった★を、◆のひもの上から左手の人さしゆびにかける。

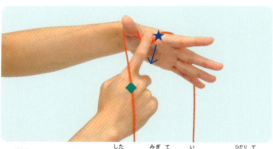

2 ◆のひもの下から右手を入れて、左手のこうにかかっている★をひき出す。

5 かけているところ。

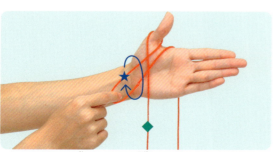

3 ひき出した★を右に1かいねじる。

> **ポイント**
> ◆の下から、★のひもをひき出すことと、ひもは、かならず右のほうこうにねじるように気をつけよう！

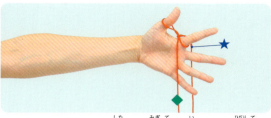

6 ◆のひもの下から右手を入れて、左手の人さしゆびと中ゆびのあいだから★をひき出す。

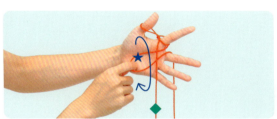

7 ひき出した★を右に1かいねじる。

8 ねじった★を、左手の中ゆびにかける。

9 かけおわったところ。くすりゆびと小ゆびも、おなじようにして、ひもをかける。

10 すべてかけおわったところ。おやゆびのひもをはずす。

5本ゆびぬき できあがり

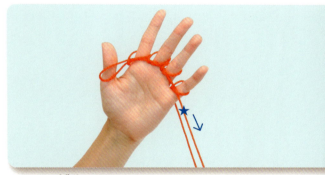

右手で★をひっぱると……。

ふしぎあやとり

レベル2 りょう手ゆびぬき
ひもながめ
りょう手のひもがどうじにぬけるあやとりだよ。

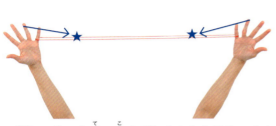

1 りょう手の小ゆびにひもをかける。くすりゆびのせで、おくのひもをとる。

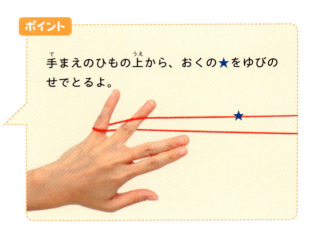

ポイント 手まえのひもの上から、おくの★をゆびのせでとるよ。

2 おなじように、中ゆびのせで★をとる。

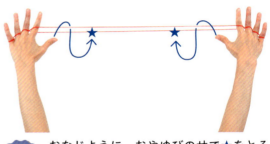

4 おなじように、おやゆびのせで★をとる。

3 おなじように、人さしゆびのせで★をとる。

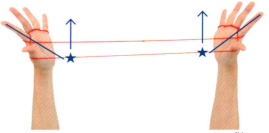

5 おやゆびでとりおわったところ。人さしゆびのはらで★をとり、おくにひく。

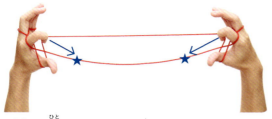

6 人さしゆびのせで★をとる。

9 すべてとりおわったところ。おやゆびのひもをはずす。

ふしぎあやとり

7 とりおわったところ。中ゆびのせで★をとる。

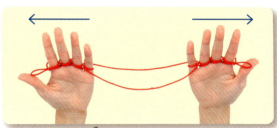

りょう手をひろげると……。

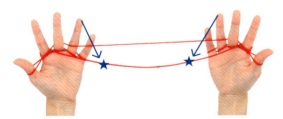

8 くすりゆびのせで★をとる。おなじように、小ゆびもとる。

ひもがほどけて……。

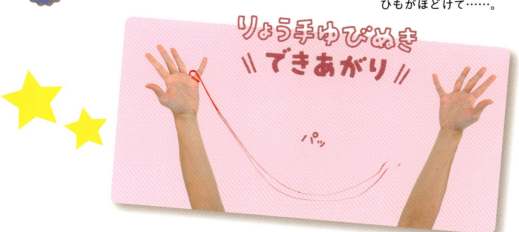

りょう手ゆびぬき
できあがり

パッ

レベル2 ひもながめ さんかくうでぬき

ふたりでできる、ふしぎなあやとり。友だちとチャレンジ！

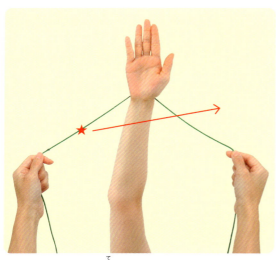

1 あいての手くびにひもをかけて、★のひもが上になるように、こうさせる。

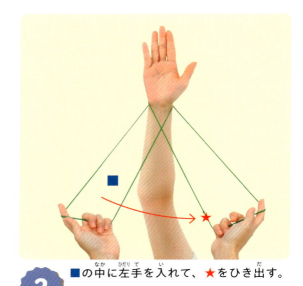

3 ■の中に左手を入れて、★をひき出す。

2 ★をあいての手くびにかけて、ひもを2じゅうにする。

4 ひき出しているところ。

さんかくうでぬき

ふしぎあやとり

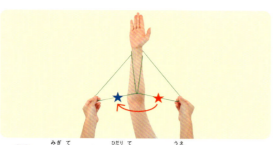

5 右手の★を左手の★の上にかさねて、いっしょにもつ。

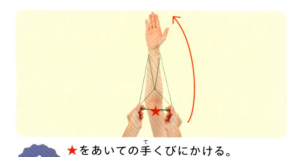

6 ★をあいての手くびにかける。

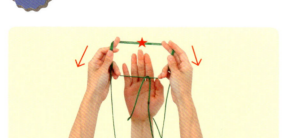

7 かけているところ。

あそびかたいろいろ

ほかの人の手のかわりに、ペットボトルなどをおいてもできるよ！

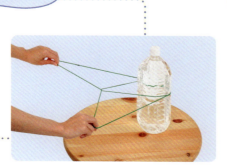

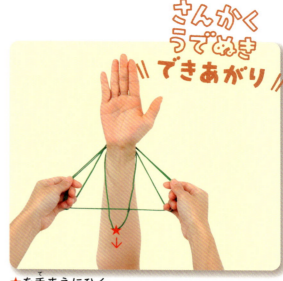

できあがり

★を手まえにひく。

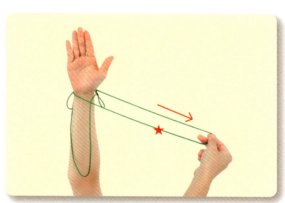

すーっとひもがとれて……。

スルッ

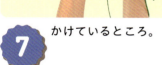

レベル **2**　ひもながめ

くるくるひもうつし

人さしゆびにかけたひもが、中ゆびにうつるてじなだよ。

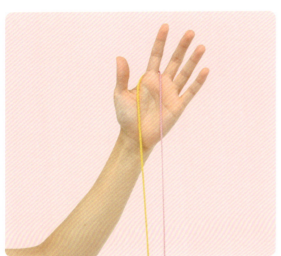

1 左手の人さしゆびにひもをかける。手のひらをむこうがわにむける。

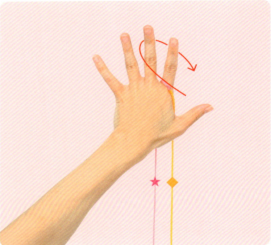

2 ★(ピンク)のひもが上になるようにして、★と◆(きいろ)を人さしゆびと中ゆびに1かいまく。

ポイント
いつも★(ピンク)のひもが上になるようにまくよ。しゃしんでは、わかりやすいように、2しょくのひもをつかっているよ。

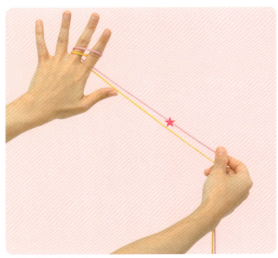

3 そのまま、ゆびさきにむかってさらに2〜3かいまく。

くるくる…

194

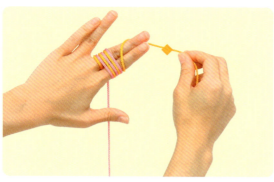
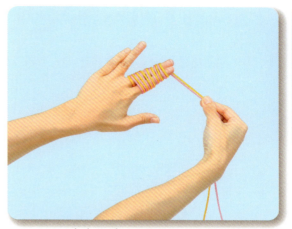

4 ◆（きいろ）のひもだけを、こっそりもう1かいまく。

ひもをほどいてみると……。

> **ポイント**
> 見ている人に気づかれないように、さりげなくまこう。

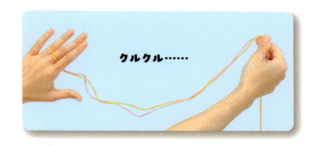

クルクル……

くるくるひもうつし できあがり

5 ★（ピンク）と◆（きいろ）をいっしょにもって、ゆびさきまでまく。

ふしぎあやとり

レベル2 ひも ながめ　ゆびわおとし①

ひもをとおしたゆびわが、ぽろっととれるてじなだよ。

1 ゆびわにひもをとおす。ひものはしをりょう手の人さしゆびにかける。

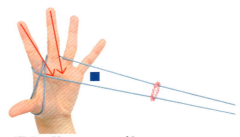

4 左手の人さしゆびと中ゆびをそろえて、■の中に入れる。

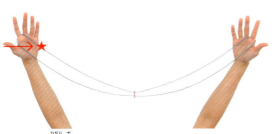

2 左手のおやゆびのせで、★をとる。

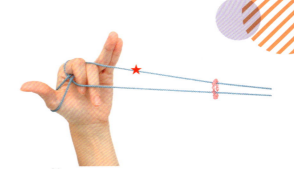

5 中ゆびにかかっていた★がしぜんにはずれるので、そのまま人さしゆびのせで★をとる。

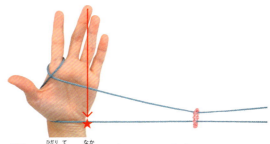

3 左手の中ゆびのせで、★をとる。

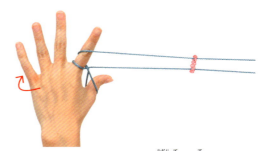

6 とりおわったところ。左手の手のひらをこちらがわにむける。

ふしぎあやとり

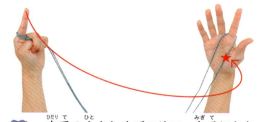

7 おやゆびをうちがわにして、左手をにぎる。

9 左手の人さしゆびのせで、右手にかかっている★をとる。

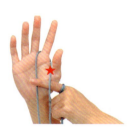

8 にぎったまま、そっとおやゆびにかかっているひもをはずす。人さしゆびを立てる。

10 とっているところ。★のひもをひきながら、にぎっている左手をそっとひらく。

ポイント
見ている人のほうに、手のこうをむけておくよ。おやゆびのひもをはずすときは、見ている人に気づかれないように、こっそりはずそう。

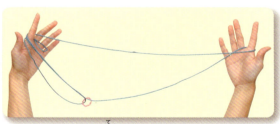

ゆっくり手をひろげると……。

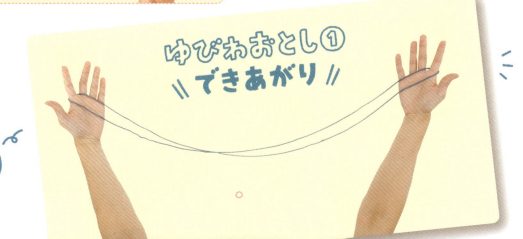

ゆびわおとし①
できあがり

レベル **2** ひも ながめ

ゆびわおとし②

ひもからかんたんにゆびわをはずすあやとりだよ。

1 ゆびわにひもをとおす。りょう手のおやゆびと小ゆびにひもをかける。

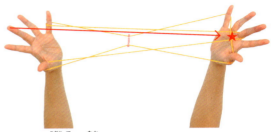

3 左手の中ゆびで★をとる。

2 右手の中ゆびで★をとる。

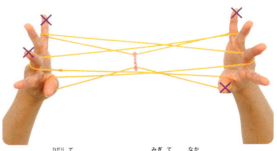

4 左手のおやゆびと右手の中ゆびいがいのひもをはずす。りょう手をひろげると……。

ポイント

さきに左手の中ゆびからとったばあいは、さいごに左手の中ゆびと右手のおやゆびのひもをのこしてね。ここをまちがえると、ゆびわがはずれないよ！

ゆびわおとし② できあがり

レベル **3**
ひも ふつう

さかなのけんか

なかよしだった2ひきのさかながはなれていくよ。

つくりかたのどうががが見られるよ。

ふしぎあやとり

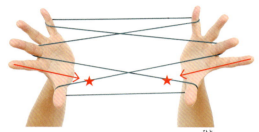

1 「なかゆびのかまえ」をする。人さしゆびのせで★をとる。

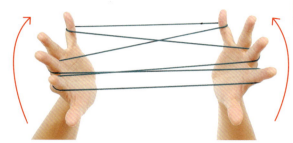

3 ゆびさきをむこうがわにむける。

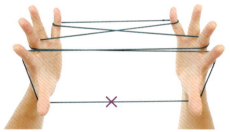

2 おやゆびのひもをはずす。

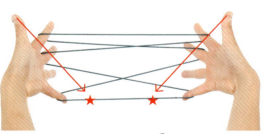

4 おやゆびのせで★を手まえからとり、ゆびさきを手まえにむける。

ポイント
ひもをゆるめたり、ピンとはったりして、ひものながさをきんとうにしてね。

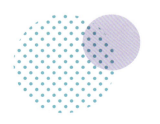

つぎのページにつづくよ

199

さかなのけんか

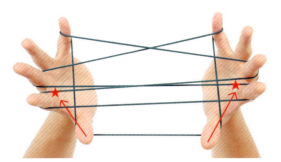

5 おやゆびのせで★をとる。

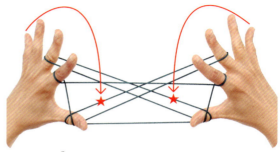

7 こゆびのせで★をとる。

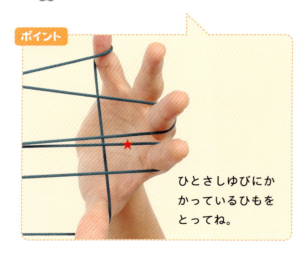

ポイント

ひとさしゆびにかかっているひもをとってね。

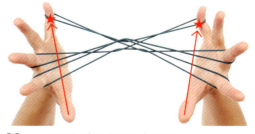

8 おやゆびのひもをはずす。

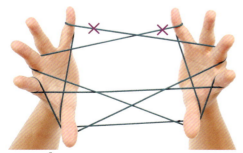

6 こゆびのひもをはずす。

9 おやゆびのせで★をとる。

ふしぎあやとり

10 おやゆびのせで★をとる。

> **ポイント**
> はんたいの手をつかって、かたほうずつかけてもいいよ。

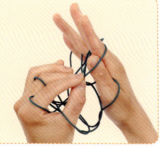

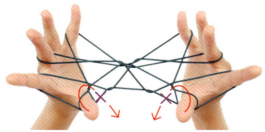

11 おやゆびをうちがわにたおして、×のひもをはずす。

> **ポイント**
> はんたいの手をつかって、かたほうずつはずしてもいいよ。

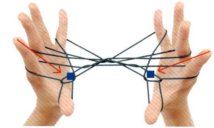

12 人さしゆびをまげて、■の中に入れる。

13 人さしゆびを手のひらにつけたまま、中ゆびと小ゆびのひもをはずす。

> **ポイント**
> 小ゆびのひもはかんたんにはずれるよ。
> 中ゆびのひもは、しんちょうにはずそう。

つぎのページにつづくよ

201

14 人さしゆびとおやゆびを上下にのばし、りょう手をよこにひろげる。

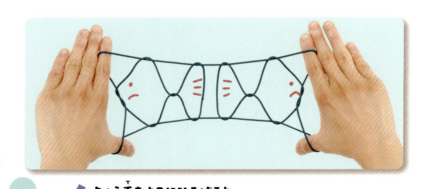

⬇ りょう手をよこにひろげると……。

さかなのけんか できあがり

けんかしてはなれちゃった！

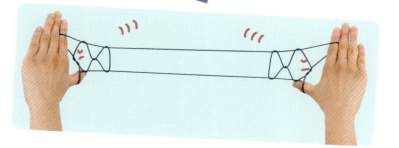

みんなで あやとり

レベル1 ひも ながめ
もちつき

ふたりであそぶおもちつき。ふたりの手をあわせて、ぺったんこ。

 ユイ　　 ヒロ

1 ユイとヒロ、ふたりのりょう手のおやゆびと小ゆびにひもをかける。

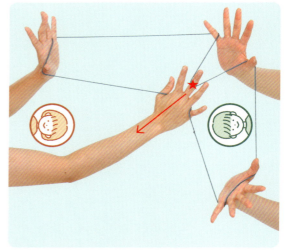

3 とっているところ。

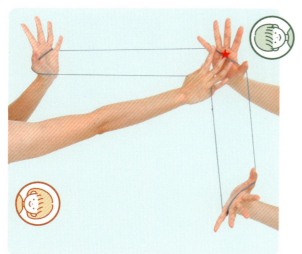

2 ユイの右手の中ゆびで、ヒロの右手の★をとる。

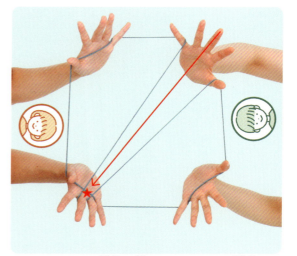

4 ヒロの右手の中ゆびで、ユイの右手の★をとる。

みんなであやとり

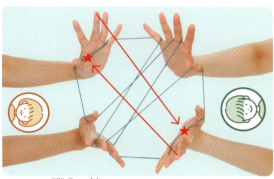

5 左手の中ゆびでもおなじように、ふたりでとりあう。

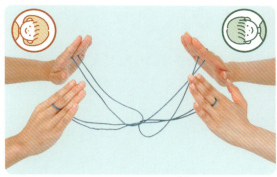

7 はずしているところ。中ゆびのひもがはずれないように、ゆびをそろえる。

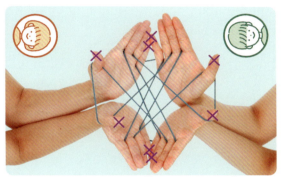

6 ふたりのりょう手のおやゆびと小ゆびのひもをはずす。

もちつき
できあがり

あそびかたいろいろ

ふたりでいきをあわせて、あそんでみよう。

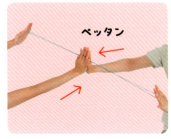

リズムにのって、ふたりの右手をあわせたり……。

⇔

ふたりの左手をあわせたり！

205

のこぎり

ふたりでこうたいしてひっぱって、のこぎりで木をきってみよう。

1 ひもをユイの手くびにかける。★をそれぞれ、もう1かいまく。

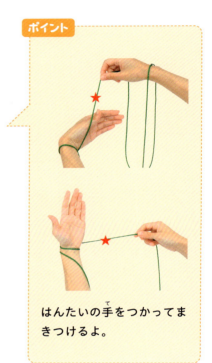

ポイント

はんたいの手をつかってまきつけるよ。

2 おやゆびで★をとりあう。

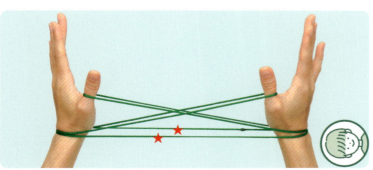

3 ヒロがりょう手のおやゆびと人さしゆびで、★をもつ。

みんなであやとり

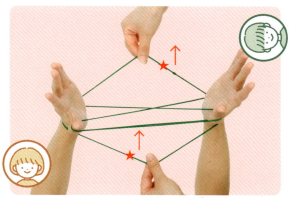

4 そのままヒロは、ユイの手くびから★をはずす。

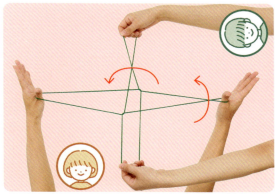

6 はずしおわったら、ふたりとも右手のひものねじれをなおして、まっすぐにする。

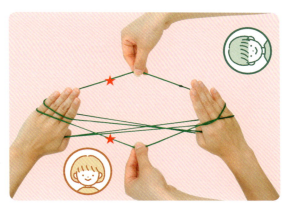

5 はずしているところ。

のこぎり できあがり

あそびかたいろいろ

こうたいでひもをひっぱってみよう。

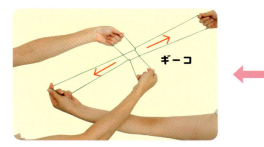
ギーコ

⇔

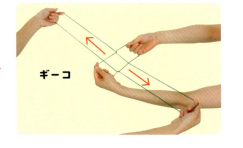
ギーコ

207

レベル 2
ひも ながめ

木のぼり

かたちはひとりでつくって、さいごに友だちときょうりょくしよう。

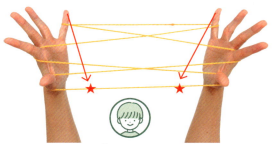

1 ヒロは「人さしゆびのかまえ」をする。小ゆびのせで★をとる。

3 人さしゆびをまげて、はらで★をおさえる。

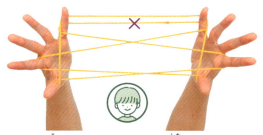

2 小ゆびにかかっている下のひもだけをはずす。

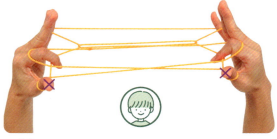

4 そのままおやゆびのひもをゆるめて、ゆびからはずす。

ポイント
小ゆびのはらで上のひもをおさえて、下のひもだけをはずすと、かんたんだよ。

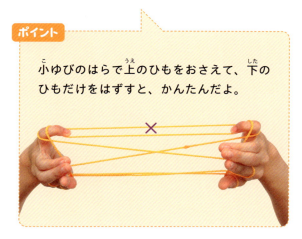

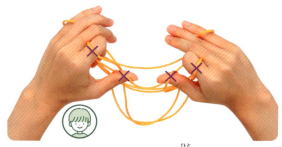

5 はずしているところ。人さしゆびのせにかかっていたひもも、しぜんにはずれる。

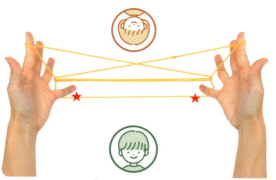

6 ヒロの小ゆびにかかっている★を、ユイがりょう手でもつ。ヒロは★をはずす。

== 木のぼり ==
できあがり

あそびかたいろいろ

よこにひもをひっぱってあそぼう。

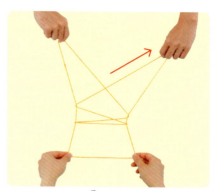

ヒロがりょう手のひもをこうごにひっぱると……。

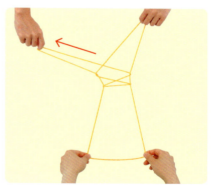

ひもがちょっとずつ……。

上にのぼってくるよ!!

みんなであやとり

レベル 2
ひも ながめ

くも

ふたりできょうりょくして、あしがたくさんのくもをつくろう。

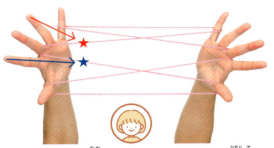

1 ユイは「中ゆびのかまえ」をする。左手の人さしゆびのせで★を、くすりゆびのせで★をとる。

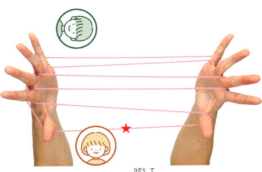

3 つぎはヒロが、左手で★をもつ。

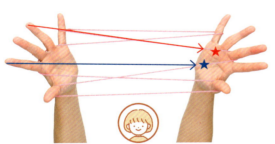

2 左手の人さしゆびのせで★を、くすりゆびのせで★をとる。

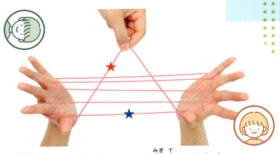

4 そのまま、ヒロは右手で★をもつ。

ポイント
右の手のひらのまん中から、ひもをとるよ！

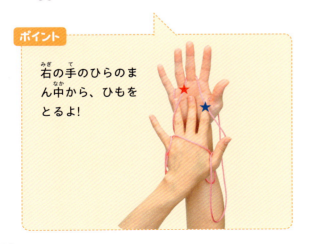

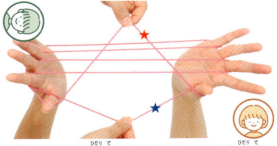

5 ヒロは左手の★をはなして、★を左手にもちかえる。

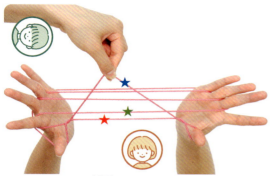

6 ヒロは右手で、★と★のあいだから★をひき出す。

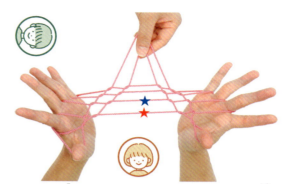

9 小ゆびまでおわったら、また、★の下から右手で★をとる。これを小ゆびのひもまでくりかえす。

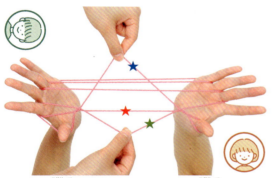

7 左手の★をはなして、★を左手にもちかえる。これを小ゆびのひもまでくりかえす。

10 すべてとりおわったら、ヒロはひもから手をはなす。ユイがゆびさきをまえにむけると……。

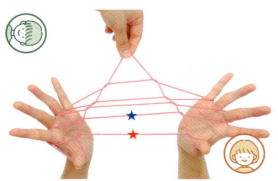

8 小ゆびまでおわったところ。また、★の下から右手で★をとる。これを小ゆびのひもまでくりかえす。

くも
≪できあがり≫

みんなであやとり

レベル2 ひも ながめ 2本

テーブル→テント→バケツ→ピラミッド

2本のひもをつかって、3人であそぶれんぞくあやとりだよ。

→ テーブル ユイ ヒロ　ナツ

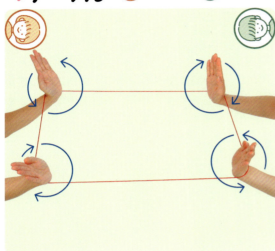

1 ユイとヒロのりょう手くびに、ひもをかける。やじるしのほうこうに手くびをまわして、ひもを2じゅうにする。

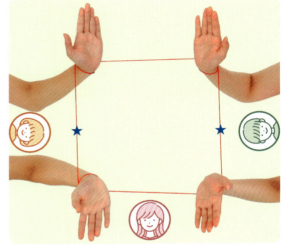

3 ナツは、もう1本のひもを、★の上におく。

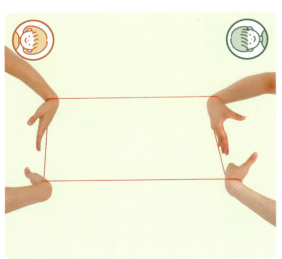

2 手くびをまわしているところ。

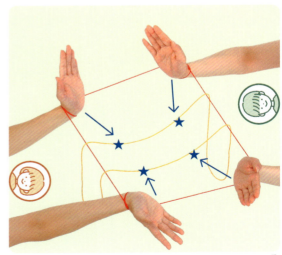

4 おいたところ。ユイとヒロは、りょう手でそれぞれの★をつかむ。

212

→ **テント**

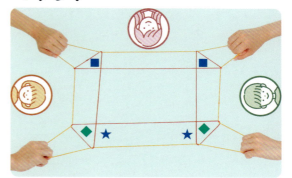

5 ナツは、ユイとヒロの手くびにかかっているひもをすべてはずす。

7 ナツは、■におやゆび、★に人さしゆび、◆の中に中ゆびを入れて、ひもをつまむ。

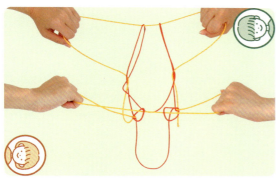

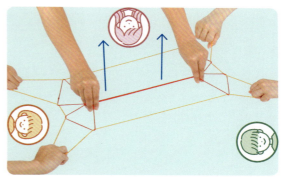

6 ひもをピンとはって、かたちをととのえると……。

8 ナツはそのまま、ひもをつまんで上にもちあげる。

テーブル できあがり

テント できあがり

つぎのページにつづくよ

テーブル→テント→バケツ→ピラミッド

→バケツ

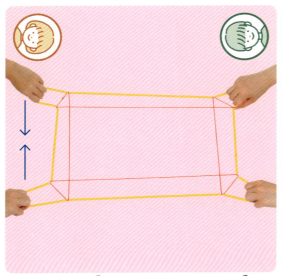

9 ナツは手をはなす。ユイはりょう手をちかづける。

→ピラミッド

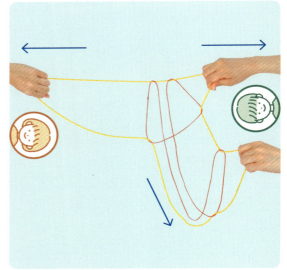

10 ユイは右手をはなす。ひもをピンとはると……。

バケツできあがり

ピラミッドできあがり

214

ふたりあやとり

レベル 2
ひも ながめ

たくさんのわざがつづくよ。さいごまでできるかな？

→川

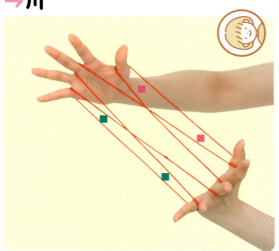

1 ユイは「中ゆびのかまえ」をする。ヒロはりょう手のおやゆびを■に、人さしゆびを■に入れる。

3 ゆびを出しているところ。ヒロは、そのままユイの手からひもをはずし、手をひろげる。

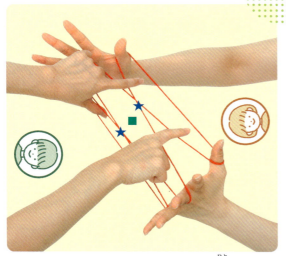

2 ヒロはそのまま、おやゆびと人さしゆびのはらで★をすくい、■からゆびを出す。

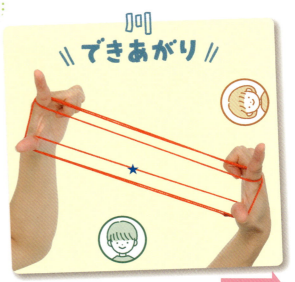

川 できあがり

ユイは右手の小ゆびのはらで★をとる。

つぎのページにつづくよ

215

→ ふね

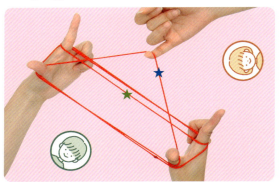

4 そのまま、左手の小ゆびのはらで★をとり、ひもをこうささせる。

ふね
できあがり

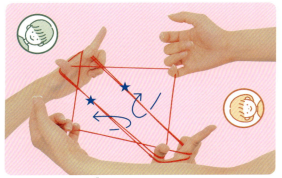

5 ユイは小ゆびでひもをひっかけたまま、りょう手のおやゆびと人さしゆびのせで、★をとる。

→ たんぼ

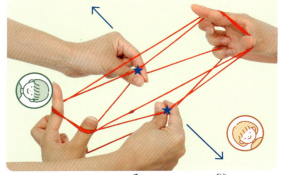

7 ヒロはりょう手のおやゆびと人さしゆびで★をよこからつまみ、ひき出す。

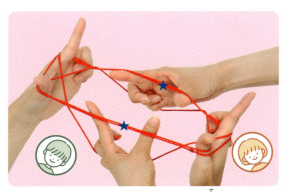

6 とっているところ。ヒロは手からひもをはずす。

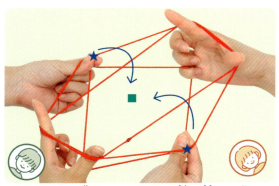

8 ひき出した★を、■の中に上から入れて、ユイの手からひもをはずす。

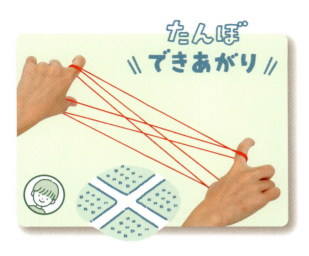

たんぼ できあがり

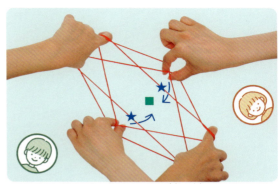

11 そのままゆびを■の中に下から入れて、せで★をすくう。

→ **ダイヤ**

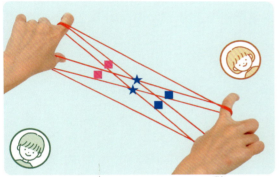

9 ユイは■におやゆびを、■に人さしゆびを入れて、★をつまむ。

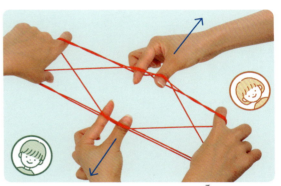

12 とっているところ。ユイは手をよこにひきながら、ヒロの手からひもをはずす。

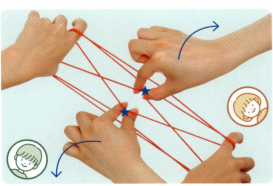

10 ユイはそのまま、ひもをもちあげて、よこにひらく。

ダイヤ できあがり

つぎのページにつづくよ

217

→ **かえる**

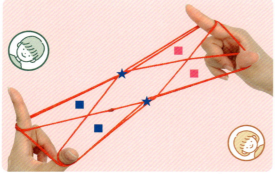

かえる
≪できあがり≫

13 ヒロは■におやゆびを、■に人さしゆびを入れて、★をつまむ。

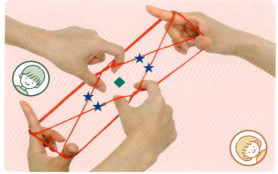

14 ヒロはそのままゆびを◆から出して、ゆびのせで★をすくう。

→ **ダイヤ**

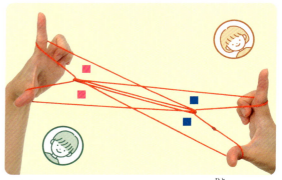

16 ユイは■におやゆびを、■に人さしゆびを入れる。

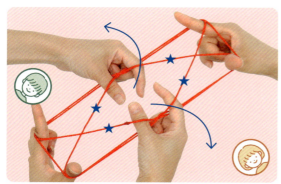

15 すくっているところ。手をよこにひらきながら、ユイの手からひもをはずす。

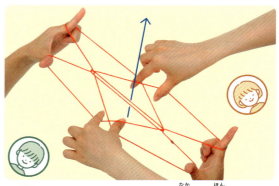

17 ユイはそのまま、まん中の2本のひものあいだに、下からゆびを入れる。

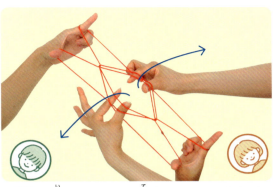

18 入れたところ。手をよこにひらきながら、ヒロの手からひもをはずす。

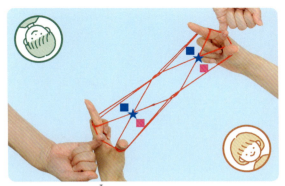

20 ヒロは小ゆびでひもをひっかけたまま、上から■におやゆびを、■に人さしゆびを入れて、★をつまむ。

ダイヤ できあがり

21 そのまま、◆からゆびを出して、★をすくう。

→つづみ

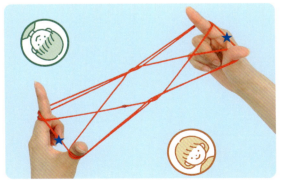

19 ヒロはりょう手の小ゆびのはらで、それぞれ★をひっかける。

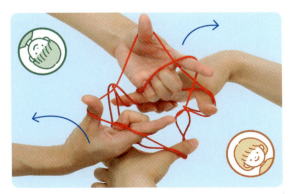

22 とっているところ。そのまま、ユイの手からひもをはずす。

つぎのページにつづくよ

219

つづみ できあがり

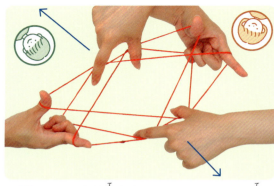

25 そのまま手をよこにひいて、ヒロの手からひもをはずす。

→ たんぼ

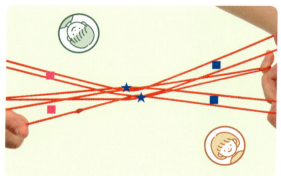

23 ユイは■におやゆびを、■に人さしゆびをよこから入れ、ヒロの小ゆびのひもがこうさしている★をつまみ、よこにひく。

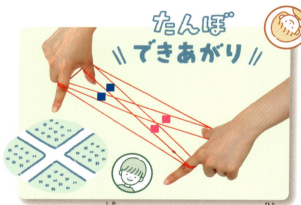

たんぼ できあがり

ヒロは下から■におやゆびを、■に人さしゆびを入れる。

→ たんぼ

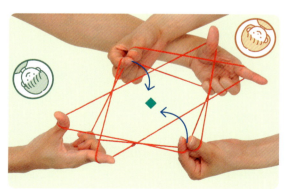

24 ユイはおやゆびと人さしゆびを、◆の中に上から入れる。

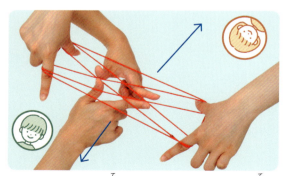

26 そのまま手をよこにひいて、ユイの手からひもをはずす。

220

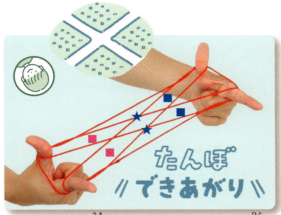

ユイは上から■におやゆびを、■に人さしゆび入れて、★をつまむ。

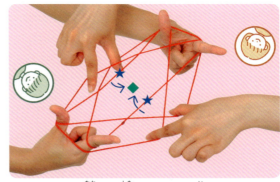

28 ◆の中に、下からゆびを入れて、★をすくう。

→川

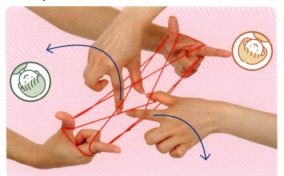

27 そのまま、ひもをもちあげて、よこにひく。

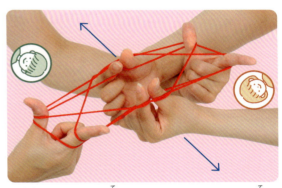

29 そのまま手をよこにひいて、ヒロの手からひもをはずす。

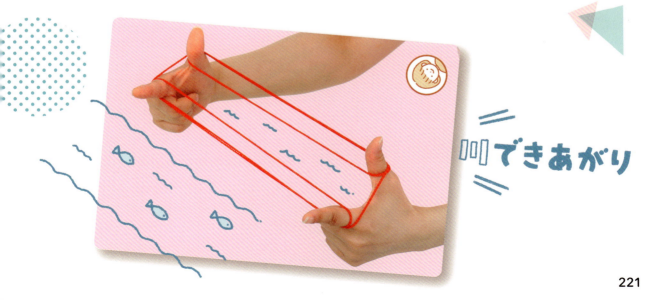

川できあがり

さくいん

あ

アイスキャンディー	20
あおむしダンス	128
あみ	137
イナズマ	54
うさぎ	98
うし	70
エッフェルとう	134
エプロン	152
おうかん	37
おうち	130
大きなはさみ	142
おだいりさま	114
おたまじゃくし	64
おちゃわん	152
お花とはっぱ	122
おひなさま	116

か

か	106
かえる	65・218
かご	118
かたつむり	86
かに	82
カヌー	136
花びん	19・145
かめ	156・160
かもめ	96
川	21・166・215・221
木のぼり	208
くも	210
くらげ	83
くり	159
くるくるひもうつし	194
くるくるゆびぬき	186
くんしょう	120
こうもり	80

ゴム	112・156

さ

さかな	94
さかなのけんか	199
さんかくうでぬき	192
サングラス	124
さんみゃく	150
じょうぎ	152
すべりだい	160
すなどけい	26
せみ	68

た

ダイヤ	168・217・218
ダイヤモンド	56
たんぼ	166・167・216・220
ちょうちょ	148
つづみ	169・219
つりばし	22・171
テーブル	212
てじょうはずし	176
てっきょう	154
テレビ	143
テント	213
どじょう	88
とら	78
トロフィー	18
トンネル	60
とんび	146
とんぼ	90

な

ナス	36
にげたさかな	182
にんじん	25
ネクタイ	108・158

ねこ	74・151
ねずみ	71
ねずみゆびぬき	174
のこぎり	206

は

ハート	29
バケツ	214
はしご車	185
はたおり	104
バナナ	113
ひこうき	157
ひとで	84
ひと山	162
ひもうつし	178
ピラミッド	214
ふじさん	27
ぶしょう	158
ふた山	163
ふたりあやとり	215
ふね	171・216
ブランコ	103
プリン	32
へび	66
へびの木のぼり	126
ヘリコプター	146
ほうき	24・141
ほし	23

ま

マスク	140
まめでんきゅう	152
み山	163
もくば	30
もちつき	204
森のおうち	142
もんしろちょう	92

や

やっこだこ	161
やりなげ	180
ゆびわおとし①	196
ゆびわおとし②	198
ゆりかご	165
ヨット	28
よ山	164

ら

りったいダイヤモンド	58
リボン	102
りゅう	75
りょう手ゆびぬき	190
りんご	34
ロケット	135

えいご・すうじ

WとM	110
1だんばしご	38
2だんばしご	40
2本のほうき	138
3だんばしご	42
4だんばしご	44
5だんばしご	47
5本ゆびぬき	188
6だんばしご	46
7だんばしご	50
8だんばしご	48
9だんばしご	52
10だんばしご	51
12だんばしご	53
14だんばしご	53

監修者プロフィール

福田けい

あやとりの研究家。国内外のあやとりを収集し、小学校の伝承授業や地域の伝承文化交流会などで、あやとりの楽しさと歴史を伝えている。現代にあったオリジナルのあやとりも人気がある。監修書に、『脳が若返る！健康あやとり』（日東書院）などがある。

Staff

カバーデザイン	宮代佑子（株式会社フレーズ）
本文デザイン・DTP	大悟法淳一、大山真葵、柳沢 葵（ごぼうデザイン事務所）
イラスト	むー
編集協力	株式会社KANADEL
動画編集	白谷洋樹、白谷結芽
写真／動画撮影	天野憲仁（日本文芸社）

乱丁・落丁などの不良品、内容に関するお問い合わせは、
小社ウェブサイトお問い合わせフォームまでお願いいたします。
ウェブサイト　https://www.nihonbungeisha.co.jp/

本書は、当社より2009年12月に刊行した『あやとり できた！』を増補し、再編集したものです。

ひとりでも みんなでも 楽しい！
決定版 あやとり大図鑑

2025年1月20日　第1刷発行
2025年4月10日　第2刷発行

監修者	福田 けい
発行者	竹村 響
印刷所	TOPPANクロレ株式会社
製本所	TOPPANクロレ株式会社
発行所	株式会社 日本文芸社
	〒100-0003
	東京都千代田区一ツ橋1-1-1 パレスサイドビル8F

Printed in Japan 112250109-112250326　Ⓝ02（111017）
ISBN978-4-537-22260-9
©NIHONBUNGEISHA 2025

法律で認められた場合を除いて、本書からの複写・転載（電子化を含む）は禁じられています。
また、代行業者等の第三者による電子データ化および電子書籍化は、いかなる場合も認められていません。
（編集担当：前川）